La obsesión
del perfeccionismo

Paidós Psicología Hoy

Allan E. Mallinger y Jeannette De Wyze

La obsesión
del perfeccionismo

Soluciones para acabar
con el control excesivo

PAIDÓS
Barcelona • Buenos Aires • México

Título original: *Too Perfect. When Being in Control Gets Out of Control*, de Allan E. Mallinger
y Jeanette De Wyze
Publicado originalmente en lengua inglesa por Clarkson Potter
Esta traducción se publica por acuerdo con Sandra Dijkstra Literary Agency

Traducción de Ofelia Castillo

Cubierta de Idee

1ª edición en esta presentación, abril 2010
10ª impresión en esta presentación, diciembre 2019

    Editorial Planeta, S. A.,
    Avda. Diagonal, 662-664. 08034 Barcelona, España
    Paidós es un sello editorial de Editorial Planeta, S. A.
    www.paidos.com
    www.planetadelibros.com

ISBN: 978-84-493-2365-2
Depósito legal: B. 32.852-2010

El papel utilizado para la impresión de este libro es cien por cien libre de cloro
y está calificado como papel ecológico

Impreso en España – *Printed in Spain*

Para Murphy, Jesse, Noah
y Ben

A. E. M.

Para Steve, Michael, Elliott
y el Marcador Cósmico,
donde quiera que aceche

J. D.

Indice

Agradecimientos

Las ideas contenidas en este libro son producto de mis propias observaciones y de los escritos y enseñanzas de muchas otras personas. Todos los psicoterapeutas tienen una gran deuda con Freud por sus ahora ya clásicas descripciones de la personalidad obsesiva y del trastorno obsesivo-compulsivo, como también por los numerosos conceptos revolucionarios y fundacionales que se han incorporado a la formación psiquiátrica habitual.

En los últimos años, algunos teóricos como Harry Stack Sullivan, David Shapiro y Leon Salzman han enriquecido enormemente nuestra comprensión de la personalidad obsesiva. Sullivan explicó que la obsesión es el resultado lógico del intento de un niño ansioso, que trata de lograr cierta sensación de seguridad dentro de la familia. Shapiro formuló la teoría de que la obsesión es mucho más que un conjunto de defensas y adaptaciones: es una forma de *ser*, o sea de pensar, de hablar, de manipular sentimientos y relaciones.

Salzman profundizó aún más nuestra comprensión: describió el meollo de la dinámica central del tipo obsesivo: el ilusorio intento de dominar la ansiedad engendrada por la percepción de la propia vulnerabilidad en un universo lleno de riesgos.

Estoy también en deuda con los teóricos cognitivos —Beck, Bieber, Ellis— por haber esclarecido el papel fundamental de las ideas y supuestos irracionales que subyacen bajo el comportamiento perturbado y lo perpetúan, y por haber puesto a nuestro alcance herramientas terapéuticas para tratar estas distorsiones.

Deseo especialmente expresar mi agradecimiento al ya fallecido doctor Irving Bieber, querido amigo y mentor, por su paciente orientación, su apoyo y su constante estímulo para que yo, un rebelde psiquiatra residente, siguiera escribiendo. Ahora sólo confío en poder transmitir a mis pacientes, discípulos y lectores un pequeño reflejo de su sabiduría y su humanidad.

Agradezco a los colegas y amigos que dedicaron tiempo a leer y comentar los borradores del manuscrito, sobre todo a Victoria Brown, Maureen Gevirtz, Paula Kriner, Paul Krueger, Nan Van Gelder y Stephen Wolfe.

Las siguientes personas aportaron valiosos comentarios y sugerencias: Paul Koprowski, Judith Liu, Ellen Margolis, Kathleen Murphy Mallinger, Irving Osowsky y Sandra Sveine.

ALLAN E. MALLINGER

Nota del autor

A lo largo de todo el libro he utilizado estudios de casos para ejemplificar diversos aspectos de la obsesividad (camuflados, por supuesto, para proteger la identidad de mis pacientes). Muchas veces la persona descrita es en realidad una combinación de varios pacientes con características psicológicas similares. Muchas de estas viñetas clínicas incluyen diálogos extraídos textualmente de grabaciones o de notas que tomé durante las sesiones. Algunos fueron corregidos para mayor claridad. Pero la mayoría de estas citas reproducen fielmente lo que se dijo, teniendo en cuenta las limitaciones que impone ir tomando nota.

Introducción

En mis diecinueve años de práctica, siempre encontré que mis pacientes obsesivos eran los más interesantes. Y muy pronto advertí también que muchos legos querían saber algo más sobre la obsesión. Cuando daba conferencias sobre tipos de personalidad en ciertos cursos de educación para adultos, la mayoría de las preguntas que formulaba el público se referían a la personalidad obsesiva. Empecé a recibir invitaciones para hablar sobre ese tema, y nunca había una silla vacía. Por el contrario, lo habitual era que muchos de los asistentes tuvieran que permanecer de pie en el fondo del salón. Además, mis oyentes reaccionaban muchas veces de un modo que indicaba que estaban perfectamente familiarizados con los diversos rasgos obsesivos que iba describiendo yo.

También frente a audiencias de profesionales detecté un ávido interés por este tema. Charlando después de las clases con médicos psiquiatras que cumplían su residencia y con otros profesionales de la salud mental, me di cuenta de que muchos de estos terapeutas encontraban particularmente difíciles a sus pacientes obsesivos; algunos, inclusive, los hallaban lisa y llanamente frustrantes. Las personas obsesivas suelen ser controladoras, cerebrales, desconfiadas, reservadas, emocionalmente contenidas, resistentes al cambio, o todo a la vez. Y una sola de esas características suele bastar para hacer que la terapia sea difícil. Mis colegas estaban ansiosos por encontrar ideas que pudieran ayudarles.

Esta situación hizo que me decidiera a ampliar mis notas convirtiéndolas en una monografía para terapeutas, en la que se exponía la dinámica básica de la personalidad obsesiva y se señalaban las trampas en las que se podía caer el trabajar con pacientes obsesivos. Cuando les mostré a algunos amigos un resumen de mi futura monografía, varios afirmaron reconocer su propia personalidad en mis relatos, y dijeron que tenían o habían tenido muchos de los problemas que describía yo. Sus comentarios me impulsaron a modificar mi proyecto y a escribir directamente para la persona obsesiva o relacionada con obsesivos.

Esa decisión me planteó un desafío muy especial con respecto a la práctica de aconsejar. Cuando hago terapia cara a cara llego a familiarizarme con la estructura psicológica de mis pacientes. Las íntimas conexiones que se establecen entre nosotros me orientan en lo que digo y en lo que no debo decir, al ayudarme a discriminar lo que ayudará a mi paciente de lo que le puede hacer daño. Y cuando hablo, recibo continuamente retroinformación, verbal y no verbal, sobre la forma en que reacciona el paciente. Mi "lectura" de esa retroinformación me permite decidir qué decir o hacer a continuación, o permanecer en silencio. En el caso de que mi paciente sea un lector, voy a carecer de esa valiosa información.

Creo también que se sobrevalora el consejo específico como activador del cambio. En la terapia cara a cara, cuando llevo a cabo intervenciones breves, directas y concretas, del tipo: "Váyase a casa y haga estas tres cosas", suelo preguntarles después a los pacientes que evolucionan bien qué aspecto de nuestro trabajo fue, a su juicio, el que más ayudó. Las respuestas más frecuentes son afirmaciones tales como: "Notaba que se preocupaba usted por mí"; "Me pareció que confiaba usted en mi mejoría"; "No tuve la impresión de estar siendo juzgado"; "Cuando comprendí la causa de mi comportamiento, empecé a cambiarlo". "¿Y qué puede decirme de las técnicas que le enseñé y de las tareas que hizo en casa?", les pregunto entonces. "¡Ah, sí! Eso también me ayudó", responden.

Lo cierto es que cuando los terapeutas damos instrucciones muy específicas para tratar ciertos problemas psicológicos, y el paciente mejora, nos apresuramos a sacar falsas conclusiones acerca de lo que "ha funcionado". Si bien las sugerencias o los consejos son siempre útiles, a mucha gente la beneficia por lo menos en igual medida la relación terapéutica misma y la comprensión que va adquiriendo paulatinamente de sus problemas y de sus comportamientos negativos.

Por esta razón creo que la herramienta más importante para mis lectores será la *comprensión*, el llegar a tener una conciencia más clara y profunda de los rasgos obsesivos y de los problemas que les causan en su vida cotidiana, y cierta idea, además, de que las cosas podrían ir mejor si se realizaran ciertos cambios. Luego, sólo ofreceré sugerencias específicas cuando crea que resultan útiles.

Lamentablemente los obsesivos, más que ningún otro grupo de pacientes, necesitan creer que para cada pregunta hay una respuesta clara y específica, y una solución directa y no conflictiva para cada problema. En determinado momento de la terapia mis pacientes obsesivos creen que *yo* poseo todas las respuestas, y que si me brindan la suficiente información correcta despacharé una suerte de receta de la felicidad, detallando exactamente lo que hay que hacer, algo así como un mapa de ruta que se pueda seguir. Por lo general se sienten decepcionados cuando descubren la verdad: que el camino hacia el cambio positivo es ante todo borroso, sobre todo al principio.

Es cierto que yo, como terapeuta, puedo ayudar de muchas maneras: usando técnicas conductistas, cognitivas y psicodinámicas; fortaleciendo la comprensión, y sobre todo mediante el sorprendente poder de ese extraño vínculo afectivo que llamamos la relación terapéutica. Pero la "hora" de la terapia se limita casi siempre a 45 minutos por semana. Es una pequeña isla de tiempo para la comunicación honesta, la reflexión, la clarificación y el aliento; es decir, apenas un punto de partida. En última instancia, cada persona debe usar sus propias ideas, su iniciativa, su coraje y su motivación como un trampolín para descubrir sus propias soluciones prácticas. De la misma manera, espero que los lectores usarán este libro como un punto de partida para el cambio positivo.

1
La personalidad obsesiva

> *Cuando pretendemos practicar las virtudes hasta el extremo, aparecen los vicios... Criticamos a la perfección misma.*
>
> PASCAL
> Pensées

Este libro trata de las personas que son demasiado perfectas como para que lo disfruten. Usted las conoce, y quizás hasta sea una de ellas. Si es así, tiene algo de qué enorgullecerse. Es usted una excelente persona: honesta, digna de confianza, trabajadora, responsable, exigente, ecuánime. Pero para muchos esta perfección conlleva su lado oscuro. Los rasgos de carácter que les proporcionan éxito, respeto y confianza les causan también serios problemas. Estos individuos no son capaces de disfrutar totalmente de sus relaciones con los demás y con el mundo en general, y tampoco se sienten cómodos consigo mismos. Veamos quiénes:

- La persona tan dedicada a alcanzar objetivos profesionales y personales que no puede abandonarse a unas pocas horas de placer improvisado sin sentirse culpable o indisciplinada.
- La persona tan preocupada por *la elección correcta* que tiene dificultades para tomar decisiones relativamente simples, generalmente vinculadas a algo agradable: comprar un equipo nuevo de sonido o decidir a dónde ir de vacaciones.
- La persona tan melindrosa que su placer se arruina si no está todo "perfecto".

- El "adicto a pensar", cuya mente aguda e hiperactiva lo lleva con frecuencia a hundirse en el pantano de la tristeza y la cavilación.
- El perfeccionista, cuya necesidad de perfeccionar y pulir cualquier trabajo hace que siempre dedique más tiempo del necesario a cumplir tareas inclusive insignificantes.
- La persona tan resuelta a encontrar al Príncipe Azul o la mujer de sus sueños que es incapaz de establecer una relación duradera *cualquiera*.
- La persona tan acostumbrada a trabajar largas jornadas que no puede parar, aun cuando se enfrente con la evidencia de que el exceso de trabajo está destruyendo su salud y sus relaciones familiares.
- El irresoluto, que critica su supuesta "pereza", sin darse cuenta de que la verdadera razón de que sea incapaz de acometer una tarea es que su necesidad de llevarla a cabo de manera impecable la hace parecer inmensa.

Estos son sólo algunos ejemplos del comportamiento habitual en personas que tienen el tipo de personalidad que los psiquiatras llaman *obsesiva*. Este término —y otro afín, *compulsivo*— se ha introducido en nuestro lenguaje cotidiano de una manera sorprendente. Fulano está "obsesionado" con el fútbol, Zutano es un consumidor "compulsivo". Por otra parte, se han publicado libros y artículos que han llevado a conocimiento del público profano la existencia del trastorno obsesivo-compulsivo, la enfermedad que induce a conductas tales como lavarse demasiado a menudo las manos, controlar que se cumplan ciertas rutinas constantemente o desplegar rituales paralizantes.

Sin embargo, cuando yo uso el término *obsesivo* me refiero a algo bastante diferente: a un *tipo de personalidad* y no a un comportamiento aislado o a un trastorno clínico.

Si existe una cualidad que caracteriza a la gente obsesiva es una necesidad poderosa e inconsciente de sentir que mantienen el control: de sí mismos, de los otros y de los peligros de la existencia. Una de las principales manifestaciones de esta necesidad es el perfeccionismo. Existe una familia de rasgos de personalidad que se asienta sobre estas dos necesidades: llevar el control y ser "perfecto". Estos rasgos incluyen:

- miedo a cometer errores
- miedo a tomar una decisión o a hacer una elección equivocada
- gran devoción por el trabajo
- necesidad de orden o de una rutina firmemente establecida
- frugalidad
- necesidad de conocer y respetar las normas
- circunspección emocional
- tendencia a la obstinación y a discrepar de los demás
- exagerada resistencia a ser presionado o controlado por otro
- inclinación a preocuparse, cavilar o dudar
- necesidad de estar por encima de toda crítica: moral, profesional o personal
- cautela
- una presión interna constante para utilizar cada minuto productivamente.

Según mi definición, alguien es obsesivo si su personalidad está predominantemente coloreada por rasgos de esta secuencia, en cualquier combinación. Muchas de estas características, cuando no son exageradas o rígidas, son cualidades valiosas. Es difícil imaginar que alguien pueda triunfar en nuestra sociedad si no posee cierto grado de autodisciplina, o la decisión de trabajar duro y el deseo de no cometer errores. Pero algunas personas son "demasiado perfectas" y los rasgos obsesivos de su personalidad son tan dominantes e inflexibles que estas virtudes les *causan*, en realidad, numerosos problemas.

En mi práctica profesional veo todos los días nuevos ejemplos de esta angustia autogenerada. Y advierto, al mismo tiempo, hasta qué punto la mayoría de los obsesivos *no se dan cuenta* de que están perjudicándose a sí mismos; prefieren ignorar cualquier indicio de que sus pesadas cargas podrían ser

21

autoimpuestas. Casi todos crecieron creyendo que nunca se es suficientemente cuidadoso, trabajador, prolijo, previsor y organizado. De hecho, están orgullosos de las características que más los perjudican.

Rara vez mis pacientes obsesivos acuden a verme porque les parezca que algo no anda bien en su forma de vida. Por el contrario, buscan ayuda a causa de algún síntoma específico o molestia exterior. Tal vez se enfrentan a una incomprensible ansiedad o a una afección gastrointestinal. En otros casos, les resulta difícil afrontar algún evento perturbador, por ejemplo un grave revés laboral que atenta contra su imperiosa necesidad de logros constantes en ese mismo camino. Muchas veces es la esposa o el esposo quien insiste en que el paciente busque la ayuda terapéutica.

En el caso de Laura, la acercó a mí una sugerencia de su médico clínico. Desde hacía unos meses esta paciente sentía que perdía paulatinamente la alegría y las ganas de vivir. Tenía trastornos del sueño y del apetito. Al principio, Laura se sintió desconcertada ante su incapacidad para librarse de sus sentimientos de tristeza. Pero era una persona inteligente, sensible y lúcida, y muy pronto pudo identificar varios factores que alimentaban su melancolía.

La base del amor propio de Laura estaba indisolublemente ligada a su propia imagen como una triunfadora que invariablemente deslumbraba a los demás con sus logros. Hija ejemplar de profesionales destacados, se había graduado con honores en una prestigiosa universidad estadounidense; después había iniciado una carrera laboral en el ámbito comercial y había llegado rápidamente al cargo de directora de marketing de una gran tienda de ropas. Casi inmediatamente, la gente de la compañía empezó a pensar en ella como en alguien capaz de afrontar cualquier problema y realizar cualquier tarea, por difíciles que fuesen.

Pero en su vida privada las cosas no marchaban tan bien. No era feliz en su matrimonio y la rondaba la idea del divorcio, pero se sentía terriblemente frustrada por su incapacidad para tomar una decisión definitiva. Además, se sentía exhausta. Como le resultaba difícil delegar tareas y pensaba que debía hacerlo todo por sí misma, soportaba una excesiva carga de trabajo, que se volvía aún más onerosa por los objetivos desmesurados con que enfocaba su desempeño laboral. Una vez Laura me contó que sólo se sentía verdaderamente relajada en la oscuridad de un cine. Aun en su hogar trabajaba constantemente y se sentía culpable por abandonar alguna tarea.

Era evidente que tenía razones para preocuparse, pero ni siquiera se daba cuenta de que podría haber reaccionado de otro modo. Requirió tiempo y esfuerzo que se percatara de hasta qué punto contribuía *ella misma* a provocar su desdicha. Cuando la conocí mejor me enteré de que su padre había sido un hombre severo y crítico, con ideas inflexibles sobre la manera "correcta" de hacer todas las cosas. Así, Laura había crecido creyendo que para ganarse el amor de su padre (tarea casi imposible, ya que él era tan difícil de complacer) ella tenía que actuar impecablemente. Ya adulta, siguió detestando la idea de cometer errores, algo que perjudicó enormemente su vida laboral y matrimonial. Al mismo tiempo, su implacable autocrítica neutralizaba su capacidad para disfrutar de sus innegables logros.

Raymond, cirujano de un hospital universitario, se decidió a consultarme sólo debido a la insistencia de su esposa, Abbe, una arquitecta. Casados desde hacía quince años, ambos eran adictos al trabajo y se habían acostumbrado a pasar la mayor parte del tiempo separados. Cuando los conocí, Abbe atravesaba una crisis en el trabajo y necesitaba el apoyo de su esposo, pero le parecía que no la ayudaba en absoluto. Abbe afirmaba también que su esposo era dominante y que la "tiranizaba" constantemente criticando todo lo que hacía ella, desde su manera de cocinar hasta sus opiniones políticas. El resultado era que había llegado a sentirse constantemente inhibida y oprimida en su propio hogar. Pero lo que más la perturbaba era que Raymond no compartía sus sentimientos con ella. Abbe no tenía sensación alguna de intimidad con su marido y se sentía rechazada y terriblemente sola.

Raymond reconoció que, en efecto, a él le resultaba difícil confiar en las personas, aun en las que amaba. Justificaba su desconfianza recordando diversos episodios de su vida en los que había salido defraudado. La infancia de Raymond ofrecía más claves para explicar esta reserva. Su padre había sido un hombre severo y crítico, que no parecía valorar la capacidad y los logros de su hijo. Para protegerse de un pernicioso sentimiento de rechazo, Raymond había desarrollado tempranamente una gruesa coraza o caparazón. Sin embargo, insistía en que quería a su esposa y se preocupaba por ella, y aseguraba que ella tenía que saberlo; el reclamo de Abbe, que exigía demostraciones más claras de afecto, sólo indicaba que era una persona insegura. Para cada una de las críticas de su esposa, Raymond tenía una defensa elocuente y contundente.

Después de las tres primeras sesiones, Raymond anuló nuestras citas y dijo que ya reemprendería la relación. No supe nada más durante varios meses, y cuando finalmente llamó por teléfono me resultó difícil atribuir aquella angustiosa voz al personaje soberbio y reservado que había conocido yo. Raymond acudió a verme, me dijo que había adelgazado diez kilos y admitió que estaba considerando seriamente la idea de suicidarse. Abbe se había embarcado resueltamente en una relación con otro hombre y Raymond estaba completamente abrumado ante la posibilidad de perderla. No había nada en la vida que le importara tanto como ella, me dijo llorando. Y si, fuese como fuese, *tenía* que cambiar para recuperarla, pues bien, lo intentaría. Pero advertí que Raymond todavía no se daba cuenta de que su perfeccionismo, su reserva y su necesidad de control lo habían preparado para esta tragedia personal. Nos reunimos con ocasión de algunas otras sesiones y parecía que hacía algún progreso, pero una vez más abandonó abruptamente la terapia.

LAS CAUSAS DE LA OBSESION

Laura y Raymond tenían en común que sus respectivos padres habían sido hombres cuyo amor parecía estar condicionado por motivos como el buen desempeño de sus hijos o lo "buenos" que eran capaces de ser. Ambos percibían a sus padres como críticos, negativos y difíciles de complacer; así, estos niños inteligentes y sensibles se sentían aprisionados en una situación de fracaso, nunca creían ser suficientemente buenos y jamás se sintieron seguros. Historias similares de experiencias infantiles son habituales en mi práctica terapéutica. Quiero señalar que los pacientes en la terapia transmiten *sus* percepciones de las tempranas experiencias de la infancia. Pero la persona que lleva camino de ser fuertemente obsesiva percibe su mundo y las exigencias que éste le plantea de un modo diferente del de otros niños.

Muchos de mis pacientes percibían las acciones y las palabras de su padre o de su madre también como contradictorias. Mientras las palabras transmitían amor y preocupación, el comportamiento y las actitudes reflejaban egoísmo y muchas veces falta de afecto por el niño. "Cada vez que mis padres me prohibían hacer algo, lo formulaban como una pauta racional", me dijo un paciente. "Recuerdo que tenía que recibir lecciones de piano, cosa que detestaba. Mis padres decían que era por mi bien, pero no era así. Los dos habían querido estudiar música pero no habían podido hacerlo." Otro paciente lo formulaba así: "Mis padres siempre mandaban, tenían el control, y eso me restaba energía. Con el tiempo mi espíritu se debilitó y se quebró".

Muchos pacientes han reiterado esta experiencia: que el sometimiento a las normas sociales y familiares tenía más importancia para los padres que lo que el niño pensaba, sentía, deseaba o temía. Un porcentaje importante de mis pacientes obsesivos revela que no se sentían *queridos* por uno de sus progenitores. Estos pacientes creían que habían sido "buenos" niños y que habían hecho verdaderos esfuerzos para satisfacer las expectativas de sus padres, pero que sólo habían logrado falta de afecto o, lo que es peor, críticas constantes.

Creo que el perfeccionismo, la desconfianza, la compulsión y otros rasgos obsesivos son adaptaciones que sirven para calmar parte de la ansiedad generada por tempranos sentimientos de inseguridad, y además proporcionan otras gratificaciones obvias. Sin embargo, sería simplista llegar a la conclusión de que las experiencias infantiles *por sí solas* hacen que la gente desarrolle una personalidad obsesiva. Los seres humanos somos infinitamente complejos, y si bien los valores familiares y culturales son el martillo y el yunque, las estructuras genética y física son el "metal".

Muchos padres y madres me han contado que sus hijos eran perfeccionistas, contemplativos y cautelosos prácticamente desde que nacieron. "Recuerdo que estaba preparando los dulces para la Nochebuena, y Max, que tenía entonces dos años, me observaba", relataba una mujer. "Cuando alguna de las pastas, que yo formaba con un aparato especial, resultaba con una pequeña muesca, cualquier protuberancia u otro defecto de forma, Max exigía que la tiráramos a la basura. Yo le decía que la pasta estaba bien, que de todos modos era muy rica, pero él lloraba y gritaba que no estaba bien hecha y que él no se la comería. ¡Era una locura! Después, cuando empezó a ir a la escuela, se negaba a pintar con las manos, como los demás niños; decía que eso era muy sucio."

No me sorprendería que algún día los científicos descubrieran que hay aportaciones biológicas que favorecen el desarrollo de diversos tipos de personalidad, incluyendo el obsesivo. En los últimos años, la psiquiatría ha descubierto que muchos problemas psicológicos y psiquiátricos, como los trastornos de conducta o la esquizofrenia, tienen fuertes raíces biológicas.

En resumen, la hipótesis más verosímil acerca de la causa de la condición obsesiva es que algunas personas tienen una predisposición constitucional para ser obsesivas, y que esa predisposición puede ser estimulada o inhibida según las percepciones y experiencias de los primeros años de vida.

EL MEOLLO DE LA OBSESION: LA NECESIDAD DE CONTROL

Independientemente de las *causas* psicobiológicas de la obsesión, la *dinámica central* de la personalidad obsesiva es la del control. Casi todos nosotros, incluidos los obsesivos, reconocemos que la vida es fundamentalmente imprevisible. Y por más que las personas concienzudas y bienintencionadas lo intenten, es imposible controlar todos los aspectos de la propia existencia; en una palabra, somos vulnerables. Sin embargo, pese a todo lo que se pueda considerar estos axiomas, *en algún lugar, muy cerca del centro de su ser interior, lejos de su conocimiento consciente, los obsesivos tratan de negar esta realidad. Sus esfuerzos sutiles pero constantes para controlar todo en el mundo exterior (y en el interior) son un intento de alcanzar lo imposible: la garantía de la seguridad, el recorrido seguro a través de los riesgos e incertidumbres de la vida.*

Dichos esfuerzos "funcionan" a veces durante años. Su escrupulosidad y minuciosidad les valen a los obsesivos la admiración de sus colegas en el trabajo. Siguen asiduamente leyes y normas, de modo que rara vez provocan la desaprobación de la autoridad. Casi nunca son rechazados en las relaciones amorosas, porque evitan las situaciones que pueden hacerlos vulnerables, o bien actúan preventivamente cuando intuyen que la relación va mal, asegurándose así de ser *ellos* quienes pongan el punto final. Se adaptan a las normas de su grupo social, de modo que por lo general no se los ridiculiza ni aísla. Y las recompensas que reciben por ser responsables, coherentes, atentos a los detalles, cuidadosos y bien organizados son numerosas.

Pero tanta seguridad tiene un precio. Si bien pueden estar acostumbrados a ello, muchos obsesivos *sufren*. Porque no pueden demostrar sus sentimientos o confiar en alguien (ni siquiera en las personas más queridas), y el resultado es que viven con la escalofriante sensación de encontrarse absolutamente solos.

Muchas personas obsesivas padecen la interminable agonía de tener que hacerlo todo bien, un imperativo innecesario que puede estropear la actividad más agradable. El miedo al desconcierto, a la confusión y a parecer menos perfectos suele impedirles emprender nuevas tareas.

Se debaten todos los días bajo el peso de un vasto reglamento interno, de un intenso sentimiento del deber, de la responsabilidad y la justicia. La mayoría de los obsesivos no disfrutan de las alegrías del momento; para ellos, el presente casi no existe. Aun en el tiempo libre, muchos no pueden relajarse totalmente, ni tan siquiera divertirse. De hecho, nunca "desconectan" del todo: las preocupaciones los acosan mientras van esforzadamente por la vida haciendo las cosas "bien" y esperando que la precaución, la diligencia y el sacrificio den sus frutos... algún día.

Muchas veces estas personas sufren amargas decepciones. Pienso en las palabras de una mujer de Kentucky, de ochenta y cinco años, Nadine Stair. Ella escribió lo que sigue:

Si volviera a vivir

La próxima vez me gustaría cometer más errores. Me relajaría. Sería más espontánea. No sería lo tonta que he sido. Me tomaría menos cosas en serio. Correría más riesgos. Escalaría más montañas y atravesaría a nado más ríos. Comería más helados y menos guisantes. Tal vez tendría más problemas reales, pero menos imaginarios. Así es, soy una de esas personas que viven sensata y saludablemente hora tras hora y día tras día. He pasado muy buenos momentos, desde luego, y si pudiera volver a empezar pasaría muchos más. En realidad, buscaría sólo buenos momentos. Tan sólo momentos, uno tras otro, en lugar de vivir siempre para dentro de unos años. He sido una de esas personas que nunca salen sin un termómetro, una bolsa de agua caliente, un impermeable y un paracaídas. Si tuviera que volver a empezar, viajaría por la vida con menos equipaje.

Nadie puede volver a vivir la parte de su existencia que ya pasó. Pero si alguien es un obsesivo, y sufre, *puede* cambiar su futuro y obtener más placer y realización personal.

AUTOTEST

El primer paso consiste en reconocer y comprender el conjunto de características que constituyen la personalidad obsesiva. Para ayudar a determinar si uno mismo (o un ser querido) es obsesivo, he preparado el siguiente cuestionario, que pretende clarificar aún más la familia de rasgos obsesivos.

1. ¿Se deja atrapar por los detalles, ya sea preparando un informe para el trabajo o lavando el automóvil?
2. ¿Le resulta difícil presentar un proyecto de trabajo a menos que esté perfecto, aunque su elaboración lleve más tiempo que el necesario?
3. ¿Alguna vez lo han tildado de puntilloso o crítico? ¿O bien usted mismo piensa que lo es?
4. ¿Es importante que sus hijos, su esposa o la empleada doméstica realicen tareas de una determinada manera?
5. ¿Le cuesta tomar decisiones? (Por ejemplo, ¿vacila antes de hacer una compra, planificar las vacaciones o elegir los platos en el restaurante?)
6. Después de tomar una decisión, ¿suele arrepentirse o dudar de lo que ha hecho?
7. ¿Le resulta embarazoso "perder el control" y mostrarse demasiado emocional? (Por ejemplo, ponerse nervioso, llorar, levantar la voz enojado.)
8. Pero al mismo tiempo, ¿se descubre deseando que resultara más fácil demostrar los sentimientos?
9. ¿Tiene una conciencia particularmente fuerte o se siente culpable a menudo?
10. ¿Es importante la autodisciplina?
11. ¿Es especialmente receloso de ser controlado, manipulado, dominado o "atropellado" por otros?
12. ¿Es importante sacar una "buena tajada" de las transacciones económicas, o casi siempre sospecha que lo están "engañando"?
13. ¿Piensa que es más reacio que la mayoría de las personas a compartir sus bienes, su tiempo o su dinero?
14. ¿Tiene tendencia a ser reservado? Es decir, ¿se resiste a revelar sus motivos o sus sentimientos?
15. ¿Le resulta difícil depender de los demás en vez de confiar sólo en sí mismo? (Por ejemplo, ¿le molesta delegar tareas en el trabajo, o contratar gente para declarar impuestos, o hacer reparaciones en casa?)

16. ¿Le cuesta alejar un problema de la mente hasta que está resuelto, aun cuando esté haciendo otra cosa?

17. Al pensar en algún evento futuro, como las vacaciones, una reunión social o un informe laboral, ¿tiene en cuenta las cosas que podrían salir mal?

18. ¿Se preocupa más que la mayoría de las personas?

19. ¿Basa la mayor parte del amor propio en la capacidad para hacer el trabajo de manera impecable?

20. ¿Se intranquiliza demasiado cuando alguien critica negativamente su trabajo, aun cuando la crítica sea leve o justificada?

21. ¿Cree que la vida familiar y social y los entretenimientos del tiempo libre se ven perjudicados o comprometidos por la cantidad de dedicación, tiempo y energía que dedica al trabajo?

22. ¿Se siente culpable cuando no está haciendo algo, aun en el tiempo libre y tras haber trabajado duramente toda la semana?

23. ¿Confecciona listas de cosas que "hay que hacer" aun en el tiempo libre?

24. ¿Se siente molesto incluso ante una "mentira inocente"?

25. ¿Le resulta difícil confiar en que probablemente las cosas saldrán bien?

COMO INTERPRETAR LAS RESPUESTAS

Si ha contestado "Sí" a unas pocas preguntas, probablemente usted (o su ser querido) es por lo menos algo obsesivo. Lea otra vez las preguntas a las que respondió afirmativamente y formule una nueva pregunta para cada una: ¿esta característica le causa dificultades en sus relaciones, en el trabajo o el ocio, o interfieren en su capacidad de disfrutar de la vida en general? Si se contesta "Sí" a esta segunda pregunta aunque sea solamente una vez, conviene informarse más a fondo sobre la condición obsesiva y la posibilidad del cambio.

No obstante, antes de empezar quiero hacer una advertencia: si alguien es fuertemente obsesivo, es una persona cautelosa y se siente seguro cuando todo es predecible y casi invariable. Siente más aprensión ante el cambio y la novedad que la mayoría de la gente. ¡Y cambiar no es fácil para nadie! Pero el cambio siempre es posible. Puede requerir, sí, tiempo y esfuerzo. A veces resulta doloroso. Pero casi siempre es un camino hacia una vida más feliz, más relajada y gratificante.

2
El mito del control

> *Si a Garp le hubiese sido concedida
> la realización de un deseo general e
> ingenuo, habría pedido que el mundo
> fuera seguro. Garp consideraba que el
> mundo era innecesariamente peligroso,
> no sólo para los niños sino también para
> los adultos.*
>
> JOHN IRVING
> The World According to Garp

Para poder sobrevivir, todas las personas necesitan tener cierto autocontrol y cierto dominio sobre su medio. Pero muchos obsesivos tienen una necesidad de control *desproporcionada*, una necesidad exigente y rígida en vez de razonable y flexible.

Esta necesidad exagerada surge de la convicción irracional de que el control perfecto puede asegurar un tránsito seguro por la vida. En mi opinión, toda persona obsesiva se apunta al mito de que el control total es posible, aunque muchas veces no se de cuenta de ello. Al igual que las raíces de un árbol que se hunden profundamente en la tierra, el "mito del control" arraiga y nutre constantemente el comportamiento controlado y controlador, tan conocido para quienes viven con una persona obsesiva.

¿Cuáles son las raíces de este mito? Creo que los niños que serán obsesivos están aterrorizados por la conciencia de su vulnerabilidad en un mundo que perciben como amenazante e impredecible. A fin de mantener un sentimiento de calma y transitar seguros por la vida, deben rechazar o negar esa conciencia de algún modo. Así, llegan a creer que por medio del control de sí mismos y de su universo personal podrán protegerse contra todos los peligros de la existencia, los reales y los imaginarios. Si pudieran articular el mito que motiva su comportamiento, lo harían más o menos así: "Si me esfuerzo lo suficiente, puedo obtener el control de *mí mismo*, de los *otros* y de todos los *peligros circunstanciales* de la vida (accidentes, enfermedad, la muerte). De este modo podré andar tranquilo".

Las personas obsesivas siguen adhiriendo a este mito, a nivel inconsciente, durante toda su vida. Si bien reconocen que el control total es imposible, el mito sigue influyendo sobre su comportamiento, desde un lugar muy profundo. De hecho, para mantener la sensación de bienestar, muchos obsesivos necesitan tener frecuentes evidencias que confirmen la vigencia del mito en todas las esferas de su vida: autocontrol, control de los otros y control "global" de los factores circunstanciales.

EL AUTOCONTROL

La autodisciplina es el signo distintivo de la madurez, ¿no es así? Todos admiramos a la persona que come y bebe con moderación, que se mantiene en buena forma física, que tiene buen carácter, que se las arregla para llevar a cabo tareas difíciles sin supervisión alguna. Pero a veces, en la búsqueda inconsciente del control absoluto, muchos obsesivos llevan estas sólidas virtudes hasta extremos autodestructivos.

Cuando recuerdo mis años de estudiante en la facultad de Medicina, suelen venirme a la memoria algunos compañeros que no sólo estudiaban durante horas sino que además se privaban de los intervalos más legítimos y justificados para comer, hacer algún ejercicio físico, charlar con sus amigos o divertirse. ¿Acaso ciertos descansos razonables habrían rebajado drásticamente sus calificaciones? ¿Y una salida con los amigos los sábados por la noche no habría mejorado su calidad de vida y su desarrollo personal? Las respuestas son obvias, pero no había manera de convencer a aquella gente. Eran muy diestros para racionalizar su conducta. Decían, por ejemplo: "Yo no soy un genio, por eso necesito estudiar más".

Llamo racionalizaciones a estas razones porque si bien podían ser verdaderas, había otra fuerza, profunda y poderosa, que llevaba a estos estudiantes a tales extremos. Probablemente no eran conscientes de ello, pero sin duda temían que si dejaban escapar el control la primera vez, lo perderían mucho más a la siguiente, y así sucesivamente, hasta que se vieran totalmente privados de la eficiencia que tanto les había costado conseguir y quedaran paralizados o indefensos, incapaces de llevar a cabo tarea alguna. Desde luego, estos "pensamientos" tienen lugar, por así decirlo, bajo la superficie, en un lugar donde no es posible examinarlos, analizarlos, revisarlos.

Cuando los obsesivos cometen una transgresión mientras están haciendo dieta o tratan de dejar de fumar y de beber, les resulta difícil olvidar su caída y volver a concentrarse en otros objetivos. Por el contrario, tienden a sentirse desolados por la transgresión y a recapacitar sobre ella. ¿Por qué? No porque crean seriamente que lo que comieron, bebieron o fumaron provocará que engorden, caigan en el alcoholismo o enfermen, sino porque *han perdido el control*. No han podido obligarse a hacer lo que habían decidido, y si ese desliz aconteció una vez, razonan, ¿quién sabe a dónde irán a parar?

La idea extremista

Estos ejemplos muestran una importante característica de muchos obsesivos: su tendencia a pensar en lo extremo. Ceder ante otra persona, por ejemplo, es un acto que se siente como una humillante capitulación incondicional. Del mismo modo, decir una mentira, faltar a una cita, tolerar la crítica de un familiar o un amigo una sola vez, o derramar aunque no sea más que una lágrima, equivale a sentar un precedente que asusta. Una paciente me contó que odiaba perder una sola sesión de gimnasia porque le parecía que no podía confiar en sí misma, y el propio pensamiento la asustaba.

Este pensamiento del tipo todo-o-nada se produce, en parte, porque los obsesivos no viven el presente. Piensan en función de tendencias que se extienden hacia el futuro. Ninguna acción es un hecho aislado; cada una es sólo parte de algo más, de modo que cualquier paso en falso tiene importantes consecuencias.

El pensamiento distorsionado puede causar numerosos problemas. He conocido obsesivos que, por ejemplo, no podían relajarse y disfrutar de su primera cita amorosa porque estaban demasiado preocupados con las posibles consecuencias remotas del evento ("¿Me casaré con esta persona?"). Esta manera de pensar produce una fuerte distorsión de la perspectiva de las cosas; impide tomar cierta distancia y recordarse a uno mismo que salir con alguien *no* implica el compromiso de iniciar una relación duradera.

Otra consecuencia del pensamiento extremista es que aumenta el dolor de la preocupación y la cavilación. Los obsesivos tienden a imaginar los peores desenlaces posibles de cualquier situación, y después sufren si se cumplen sus aprensiones. O bien magnifican mentalmente ciertas *gaffes* pequeñas y las convierten en algo mucho más serio. Pacientes míos confesaron haber sufrido de insomnio por la noche cierto día en que perdieron brevemente su compostura en la sesión de terapia de grupo, dando por sentado que los demás habían juzgado ese "desliz emocional" con tanta severidad como ellos mismos.

El control de los sentimientos

Para muchos obsesivos, el control de las emociones es un elemento fundamental del autocontrol. Por su naturaleza misma, las emociones se resisten a ser controladas, y esta rebeldía perturba al obsesivo. Además, a causa de su visión extremista de las cosas, las personas obsesivas temen inconscientemente que la menor demostración de emoción pueda llevarlas a humillarse, a lastimar a alguien, a ser rechazadas o aun a perder *todo* autocontrol. Por éstas y otras razones, muchos obsesivos reprimen, minimizan, rechazan o intentan evitar las emociones fuertes.

Colette, por ejemplo, una farmacéutica de treinta y dos años, cuando está enfadada o resentida con alguien, prefiere eludir sus sentimientos a experimentarlos. Cierto día Kay, miembro del mismo grupo de terapia, hizo un comentario mordaz acerca del aspecto siempre impecable de Colette. En el primer momento Colette pareció ignorar la crítica velada, pero cuando la interrumpí para preguntarle cómo había tomado los comentarios de Kay, respondió tranquilamente:

—Supongo que ella tiene derecho a opinar así, pero yo no voy a cambiar por eso.

—¿Pero qué ha sentido usted cuando ella lo decía? —insistí yo.

—Me acordé de mi madre.

—¿Y qué le parecen las cosas que Kay dice de usted?

—Pues parece que quisiera decir que soy perfecta... que nunca me abandono.

—Y cuando ha dicho ella que ni un solo cabello se mueve de su sitio, ¿qué sintió usted? —pregunté.

—Que lo que quiere es que sea diferente — de pronto los ojos de Colette se llenaron de lágrimas—. Cree que no estoy a la altura, no le gusto tal como soy.

—Y usted se siente...

—¡Triste!

Muchos pacientes obsesivos como Colette, cuando sus sentimientos salen a la superficie en las sesiones de terapia, emprenden con ellos un análisis intelectual, o bien cambian de tema, lo toman a broma o empiezan a hablar de trivialidades, para evitar *sentir* y explorar esta perturbadora zona que les es propia.

Selectivamente insensibles

Aunque algunos obsesivos tienen dificultad para exteriorizar *cualquier* emoción fuerte (y por eso parecen insensibles), la mayoría suprimen sólo algunas. Puede ser, por ejemplo, que un obsesivo no tenga problemas para demostrar afecto, pero que no pueda manifestar ira. En otros casos sucede lo contrario.

James era un abogado a quien todos consideraban solitario

y hosco. No vacilaba en demostrar su disgusto o su enojo. De hecho, profesionalmente era una buena cualidad. Pero James se negaba a mostrar el menor indicio de amabilidad o vulnerabilidad. Cierto día, en una sesión de terapia de grupo, empezó a censurar a sus padres afirmando que cuando él era niño lo habían decepcionado siempre y que rara vez le habían demostrado el afecto y la aprobación que ansiaba. Después describió amargamente un encuentro reciente con ellos. En ese punto, otro miembro del grupo le preguntó por qué no podía ser algo más benévolo con ellos.

James quedó en silencio un rato y después contestó: "Si lo hago, volverán a hacerme sufrir". Estaba seguro de que sus padres le demostrarían una vez más la falta de afecto y lo rechazarían. El miedo de ser vulnerable, engendrado en la infancia, lo había impulsado a mantener un estricto control sobre sus cálidos sentimientos de cariño. Pero ese autocontrol, en vez de protegerlo, lo estaba dañando terriblemente. Nadie habría podido sospecharlo, porque James mantenía una actitud serena y fría, pero cuando acudió a verme por primera vez me dijo que se sentía aislado y distanciado de los demás, incluyendo a su esposa. Su soledad le causaba un profundo dolor y había empezado a preguntarse si valía la pena seguir viviendo. Sólo al pensar en sus hijos lograba apartar de su mente la idea del suicidio.

Finalmente, un día cayó la máscara de James. En el transcurso de una charla, sus ojos se llenaron de lágrimas y se le quebró la voz. Recuperó rápidamente la compostura, pero se sintió profundamente humillado por lo que consideró un deterioro de su imagen. Creía que los demás lo rechazarían por su debilidad, y se sintió avergonzado y asustado por el incidente, aunque no podía expresar por qué.

Fue en ese momento cuando los otros miembros del grupo sintieron un primer impulso de simpatía hacia él. Anteriormente habían demostrado que no les agradaba el comportamiento intimidatorio de James: su frialdad hacía que fuera difícil relajarse y sentirse cómodo en su compañía. Sus colegas de grupo se sentían como bajo la lente de un microscopio, mientras James los observaba y juzgaba, pero sin exponerse, como si él fuera invulnerable. La esposa y los hijos de este hombre —decían, y con razón— debían de sentir lo mismo. De modo que cuando sus ojos se velaron de lágrimas, varias personas manifestaron su simpatía y afecto por él. Aun cuando James pudo entender *intelectualmente* esta reacción positiva, hizo falta tiempo y otras interacciones para que llegara a incorporar sus vivencias a la conducta cotidiana. Poco a poco empezó a demostrar sus emociones y a sentirse menos ansioso por ello. Tanto él como su esposa habían sido ásperos y reservados el uno con el otro, pero James se sentía dispuesto a revelar sus miedos y sus tristezas, como también su amor por la compañera. Ella también se sentía más segura y empezó a mostrarse más franca y vulnerable con su marido; la relación cambió gradualmente hasta llegar a ser íntima y satisfactoria.

Las desventajas del control emocional

Para vivir, trabajar eficientemente y relacionarnos armoniosamente con nuestros semejantes, es evidente que debemos modular algunas de nuestras emociones. Sin embargo, la represión total de los sentimientos puede llegar a ser perjudicial para quien la ejerce; el caso de James lo demuestra claramente. Aun en momentos de descanso e intimidad, muchos obsesivos no puede relajarse y olvidar su necesidad de llevar el control. Algunos reprimen sus sentimientos con tanta eficacia que prácticamente no saben lo que es experimentar una emoción; llegan así a creer que nacieron sin la gama emocional normal presente en todos los seres humanos. Esto los entristece, porque se sienten —no saben cómo— defectuosos o anormales.

En su deseo de parecer normales (ante los demás y ante ellos mismos), los obsesivos suelen simular los sentimientos que consideran apropiados en muy diversas situaciones. En otros casos, compensan inconscientemente su supuesta minusvalía idealizándola. Como el señor Spock, de la serie televisiva *Viaje a las estrellas*, quien toma este camino desdeña los sentimientos como una muestra de debilidad. Desprecian a la gente emocional y admiran el intelecto y la razón. Así, transforman el sufrimiento de sentirse anormales en el orgullo de ser "fuertes".

Por supuesto, estas tácticas defensivas de los obsesivos están condenadas al fracaso, porque a pesar de todos sus esfuerzos, la ira, el terror, la tristeza, la soberbia y otras emociones terminan por abrirse paso en su interior. Entonces la persona obsesiva, al igual que cualquier otro ser humano, experimenta emociones porque, afortunadamente, no existe una anestesia totalmente eficaz contra el sentimiento. Las emociones son componentes fundamentales de lo que somos, y sólo expresándolas hacemos conocer nuestras necesidades y logramos una verdadera comunicación con nuestros semejantes. Si no se puede demostrar que se está impresionado, dolido, asustado, enfadado o triste, la gente no puede conectarse, y mucho menos, amar. En el terreno emocional, como en otros, el autocontrol excesivo es perjudicial para quien lo ejerce.

EL CONTROL SOBRE LOS DEMAS

El segundo aspecto del "mito del control" es la necesidad de controlar a los demás. Normalmente, en los primeros treinta segundos de conversación telefónica detecto los esfuerzos de un nuevo paciente por controlar nuestra relación. Y el primer indicio se produce incluso antes. Suele suceder que la persona inicia una suerte de "juego del escondite": me deja el mensaje de que lo llame, pero cuando lo hago, me pregunta si puede llamarme él dentro de cinco minutos, que ahora está ocupado. Entonces espera veinte minutos, y cuando finalmente llama, yo estoy en una sesión con otro paciente. Con frecuencia sostenemos varios *rounds* más, hasta que realmente hablamos. Entonces el futuro paciente intenta situarme a la defensiva, interrogándome acerca de mi formación profesional o discutiendo los honorarios; de este modo busca el dominio de nuestra relación. Cuando soy yo quien pregunta, suele dejar de lado mis requerimientos y me explica, en cambio, lo que cree *él* que debería saber yo. Por último, pasamos a establecer una cita, y forcejea una vez más para imponer su conveniencia.

Las personas que tienen esta cualidad me hacen pensar en aquellos papeles que se usaban hace tiempo para cazar moscas: la interacción con esta gente es pegajosa, y más difícil que con la mayoría.

En su permanente búsqueda de control sobre los demás, los obsesivos que poseen esta característica pueden adoptar diversas tácticas. Los más directos exigen rígidamente que sus empleados, sus cónyuges o sus hijos hagan todo como *a ellos* les gusta, sin tener en cuenta cómo se sienten los otros ante tal actitud dictatorial. Desde luego, y como todo el mundo, estos individuos aspiran a ser estimados por su gentileza y benevolencia, y se sorprenden al enterarse de que nadie los considera ni amables ni benévolos. Pero aun así no pueden hacer nada para ganarse la reputación que anhelan: son incapaces de rectificar y dejar que quienes los rodean actúen libremente y a su modo.

El control por la irreprochabilidad

Lo más frecuente, sin embargo, es que los pacientes utilicen una estrategia más sutil para controlar a quienes los rodean: tratan de que la gente piense siempre bien de ellos. El principal objetivo que subyace bajo esta estrategia es *no dejar lugar a la crítica*. Ya desde la infancia aprendemos cuáles son los comportamientos considerados "buenos" por padres, parientes y amigos. Muchos obsesivos dominan este conocimiento y desarrollan una gran capacidad para reconocer estas actitudes en cada nuevo medio social que frecuentan, y las adaptan absolutamente. Los pensamientos o impulsos incompatibles con esa imagen de perfección son suprimidos o rechazados.

A sus treinta y cuatro años, Robert estaba casado pero no tenía hijos. Me lo envió su médico clínico debido a síntomas de ansiedad, mareos, náuseas y palpitaciones que, sin embargo, no justificaban ningún diagnóstico clínico. A poco de iniciadas nuestras sesiones, Robert me explicó —con una mezcla de orgullo y vergüenza— que él captaba rápidamente las "reglas del juego" de cualquier situación y se adaptaba a ellas impecablemente. La consecuencia era que se granjeaba la aprobación de todo el mundo.

En el trabajo era popular con todos: con su jefe, sus amigos, sus subordinados. Entre sus relaciones, Robert era un hombre de múltiples facetas. Los amigos deportistas lo conocían como entusiasta de los deportes, y resultaba buen atleta. Con los académicos se presentaba como culto e intelectual. En cada uno de estos ambientes sociales encajaba perfectamente, era un modelo de los valores establecidos, fuera de toda posibilidad de crítica.

No obstante, la mayoría de sus amigos se habrían quedado atónitos si hubieran llegado a saber que Robert, pese a su sorprendente capacidad para adaptarse a las normas establecidas, se sentía alienado, diferente de los demás, de quienes realmente *pertenecían* al medio. Era extraordinariamente sensible a las opiniones de los demás sobre su persona, y si llegaba a sospechar que alguien criticaba algo que había dicho o hecho, se sentía ansioso y cavilaba interminablemente acerca del episodio, buscando una manera de explicar o remediar su desafortunada actuación. Encontrar la solución era lo único que calmaba su ansiedad.

En cierta ocasión, por ejemplo, hizo un comentario en presencia de un colega latinoamericano y después pensó que su observación podría haberle parecido racista. Esto lo preocupó durante varios días, hasta que finalmente buscó una cita con su compañero de trabajo para explicarle lo que había querido decir, a fin de no ser mal interpretado. Y se enteró de que su colega ni siquiera recordaba el episodio; pero para empeorar las cosas, el otro quedó algo perplejo ante la complicada argumentación de Robert.

En terapia, Robert y yo exploramos una y otra vez situaciones similares. Centramos nuestra atención sobre el hecho de que él trataba siempre de satisfacer las expectativas de los demás, a un coste emocional terrible. Como se odiaba a sí mismo porque se percibía débil y farsante, los sentimientos de ansiedad envenenaban todas sus horas de vigilia. En el trabajo, con sus amigos, en su tiempo libre, se sentía constantemente al borde del desastre; pensaba que un paso en falso era inevitable si intimaba demasiado con alguien durante mucho tiempo. Hasta se ponía tenso antes de cada sesión de terapia porque pensaba que había empezado como un paciente brillante, inteligente y lúcido, pero estaba a punto de revelar flaquezas que harían que se desvaneciera mi consideración por él. En momentos así, las náuseas y los mareos lo dominaban.

Para Robert, la parte más fácil de la terapia fue ver hasta qué punto lo perjudicaba su imagen de perfección; poner en práctica esa comprensión fue mucho más difícil. En primer lugar, como sucede casi siempre con los obsesivos, tenía que practicar algo que a otros puede resultarles fácil: el arte de conocer sus propios sentimientos. Muchas personas obsesivas quedan perplejas cuando se les interroga sobre sus sentimientos. Suelen impresionarse al descubrir que tienen *algún* sentimiento hacia un colega o un acontecimiento que han estado describiendo.

Para poder establecer una vinculación verdadera y plena con los demás, Robert tuvo que practicar reiteradamente conmigo hasta que empezó a saber lo que sentía. Gran parte de nuestro trabajo se centró en ayudarlo a sentirse cómodo con su creciente autoconciencia, ya que siempre había percibido sus emociones como peligrosas (y su sentido del yo se apoyaba parcialmente en la *ausencia* en su mente consciente de sentimientos como celos, ira o dependencia). A medida que creía que *yo* lo aceptaba plenamente aunque demostrara aquellas "malas" emociones, *él* se sentía capaz de aceptarlas como parte de su identidad. Entonces estuvo preparado para dar el segundo paso.

Tenía que imaginar cómo habría actuado o hablado en diversas situaciones si hubiera sido verdaderamente honesto consigo mismo y con los demás. Después examinábamos juntos la probable reacción que tal respuesta hubiera provocado. ¿Lo habrían rechazado? ¿Le habrían perdido el respeto? ¿Lo habrían considerado como "alguien del montón"? Poco a poco Robert intentaba incorporar comportamientos más "auténticos" en su vida cotidiana. Yo lo instaba a ir expresando, lentamente, una opinión disidente e impopular (pero auténtica), admitiendo su ignorancia o permitiéndose un desempeño menos perfecto. Trabajamos especialmente temas como su capacidad de decir *no* ante las responsabilidades adicionales, aunque la presión partiera de su jefe. Los terapeutas llaman a esto "poner límites".

Robert experimentó ansiedad durante este período, especialmente cuando descubrió que ya no era universalmente admirado, pero también descubrió que el mundo no se venía abajo porque él se permitiera ser más auténtico y menos perfecto. A medida que dejaba de odiarse por su fanfarronería, se veía más capaz de acercarse a la gente. Y cuando alguien le demostraba afecto o simpatía, ya sabía que no era por el papel que estaba desempeñando, de modo que llegó a confiar en aquellas respuestas positivas. Ya no tenía miedo a sentirse expuesto. Mientras más genuinas le parecían sus relaciones, más remitía su angustia.

Al igual que otros aspectos del mito del control, tratar de controlar los sentimientos de los demás siendo una persona maravillosa es un recurso que acarrea muchas desventajas. En primer lugar, esa empresa es imposible. Nadie puede encarnar la idea de la virtud *de todo el mundo*. Y quienquiera que trate de hacerlo, tarde o temprano se ganará la desaprobación de alguien. Y como el obsesivo no puede evitar que alguien se enoje con él, lo rechace o dude de su capacidad o de sus virtudes morales, no podrá desentenderse. Le dará vueltas al incidente, incapaz de relajarse, hasta que dé con la manera de "arreglarlo".

Tratar de estar por encima de toda crítica es, además, perjudicial porque la constante autotraición que requiere debilita el sentido de identidad de estos dechados de virtudes. Y no sólo eso: también les plantea un conflicto, porque si no pueden tolerar la desaprobación, ¿cómo pueden ser al mismo tiempo personas honestas, fuertes, que no claudican en la defensa de sus valores?

Los juegos de control

Los juegos de control sutilmente manipuladores son otro recurso que tienen los obsesivos para afirmar su poder sobre los demás. Esos juegos de poder le susurran: "Yo soy el que manda aquí. Quien decide si conversaremos o no. Y si lo hacemos, decidiré el inicio, el contenido y el punto final de la conversación". Nótese que digo que los juegos de poder "susurran", porque bien puede ser que no se advierta que se es objeto de tales tácticas. El obsesivo suele no ser consciente de lo que hace. La naturaleza de estos artilugios es que cada uno tiene una explicación alternativa, perfectamente razonable. Cuando alguien llega tarde a la cita, tal vez una llamada telefónica de último momento lo ha obligado a retrasarse. Pero si se repite, debe uno preguntarse si la leve demora no surge de una necesidad inconsciente de demostrar que sólo él —y nadie más— ha de decidir a dónde irá y a qué hora.

Es posible sentir un obstruccionismo parecido en diversas situaciones. Todos tenemos algún amigo que acostumbra llegar tarde o se aparta del grupo, obligando a los demás a buscarlo o esperarlo. O nos ha sucedido alguna vez, por ejemplo, que la cajera del negocio donde hacemos una compra "note" nuestra impaciencia (porque vamos apurados) y de inmediato —podríamos jurarlo— haga imperceptiblemente más lento el trámite de cobrar y entregar el cambio. Durante un momento fugaz se percibe un enfrentamiento de voluntades, en el que la otra persona está decidida a demostrar su dominio.

La táctica de hacer esperar a otra persona puede asumir diversas formas. A veces implica postergar una decisión. La esposa que quiere saber si su marido tiene algún compromiso el viernes por la noche, a efectos de planificar las propias actividades. Pero él no toma ninguna decisión y ella se perjudica.

O bien un amigo o colega del trabajo nos hace esperar para hablar por teléfono. "¿Puedo llamarte dentro de un momento?", pregunta invariablemente. Entonces se empieza a pensar que esa necesidad de llamar luego no se debe a que el amigo esté ocupado (¿siempre lo está?) sino a que no se siente cómodo si no es él quien inicia el contacto.

Dentro de esta misma tendencia, ciertos pacientes insisten en tener la última palabra en las entrevistas. Cuando yo hago un comentario del tipo: "Bien, el tiempo ha terminado. Tenemos que interrumpirnos aquí", a un nivel inconsciente mi paciente lo percibe como una evidencia humillante y temible de que, en ciertos aspectos de nuestra relación, llevo yo el control. De modo que se pone de pie como para retirarse, pero al llegar a la puerta inicia una charla social o me hace un "encargo", un recado a mi secretaria, por ejemplo. Estos comportamientos sirven para aliviar la ansiedad del paciente, permitiéndole sentir que tiene al menos cierto control sobre la finalización de la sesión y sobre nuestra relación en general.

Todas estas tácticas interpersonales de control logran, en cierta medida, su objetivo. Sin embargo, su resultado neto es siempre doloroso y destructivo, porque en última instancia obstaculizan el sentimiento de vinculación e intimidad que todos los seres humanos necesitamos y buscamos.

EL CONTROL SOBRE LOS ACONTECIMIENTOS DE LA VIDA

El tercer componente del "mito del control" dice que *si se es lo suficientemente prudente y atento, es posible protegerse contra peligros circunstanciales tales como la enfermedad, los accidentes, las dificultades económicas y otros imprevistos.*

Ahora bien, ser lo suficientemente prudente y atento suele significar estar al corriente de todos los hechos que podrían tener consecuencias personales, desde el tiempo atmosférico hasta las cuestiones políticas y los últimos adelantos médicos. Los obsesivos creen que el conocimiento contiene un poder protector. Otra forma de vigilancia es la tendencia del obsesivo a preocuparse, como si estar pendiente de todo lo que podría salir mal pudiera evitar que ocurriera.

La preocupación por la organización es otro recurso de los obsesivos para crear una sensación de control. Pueden llegar al extremo en su afán por imponer orden y predicción en sus vidas, evitando lo desconocido y apartándose de las empresas arriesgadas, como si estas medidas pudiesen impedir las desgracias imprevistas.

Cuando un obsesivo no puede decir en qué forma podría afectarlo algún acontecimiento, y además no puede evitarlo, suele adoptar una actitud pesimista como autoprotección. Antes de la evaluación anual en su trabajo, por ejemplo, esta persona probablemente le dirá a algún colega que está seguro de que su informe será negativo. Tal vez se queje de que no tuvo tiempo para elaborar todos los proyectos y afirme que el jefe no lo aprecia y que busca su perjuicio sutilmente. De este modo está seguro de "ganar" aun cuando su evaluación resulte, efectivamente, negativa. Predecir una desgracia es muy parecido a evitarla: proporciona al menos una sensación de control.

El Marcador Cósmico

Muchas personas obsesivas mitigan su ansiedad por las posibles catástrofes de la vida con otro procedimiento. En un nivel inconsciente se convencen de que a ellas no les sucederán cosas terribles simplemente porque *la vida es justa*.

Esta convicción, aunque oculta y por lo tanto no formulada, es crucial para los obsesivos. No soportan enfrentarse con la realidad y reconocer que, por lo menos en alguna medida, ellos también están a merced de fuerzas incontrolables y caprichosas como accidentes, enfermedades o catástrofes naturales. Aceptar la idea sería terrorífico, porque para el modo extremista de pensar de los obsesivos, en su actitud de todo-o-nada, tener una protección imperfecta equivale a no tener protección alguna.

La "doctrina de la justicia" los ayuda, por lo tanto, a aferrarse a la sensación de control. Y entretejida con la convicción de la justicia cósmica, la mayoría de los obsesivos sustentan también una creencia inconsciente en lo que yo llamo el Marcador Cósmico. La figura del Marcador, el que anota los tantos, puede encajar perfectamente dentro de las creencias religiosas, pero conozco muchos ateos que tienen una fe inconsciente en que una fuerza omnipresente y omnipotente asigna los tantos, con lo cual cada persona obtiene lo que se merece. Esta idea les permite a los obsesivos creer que pueden controlar su destino siendo buenos o malos.

Para garantizar su tránsito seguro por la vida los obsesivos tienen que lograr que el Marcador *les adeude*. Y lo intentan acumulando un voluminoso *curriculum vitae* de generosidad, sacrificio, laboriosidad, honestidad y lealtad, que podría rivalizar con el de un santo. Eluden los comportamientos, sentimientos y hasta pensamientos que restarían puntos a su acervo de sacrificios. Evitan el egoísmo, la desfachatez, la molicie, el hedonismo. ¡Hasta divertirse puede costarles algunos tantos!

Antes de hacer algo "egoísta", estas personas necesitan ganárselo realizando alguna tarea desagradable (pero noble). Suelen entonces trabajar más o acometer el gran proyecto de reparaciones del hogar. Estos sacrificios van a engrosar la deuda que el Marcador tiene con ellos. Si obtuvieron un balance altamente positivo, quizás hasta podrían tomarse unas vacaciones o gastar algo en darse un gusto, sin sentirse amenazados por la quiebra inminente.

¿Qué sucede cuando el obsesivo se entrega a un placer "inmerecido"? Cuando el jefe de Dory decidió súbitamente mandarla a un congreso en Roma, ella se alegró muchísimo, pero poco después empezó a preocuparse. A un nivel inconsciente, pensó que sus tantos disminuirían. Para contrarrestar esa amenaza, acumuló "puntos de sacrificio" trabajando excesivamente durante el corto período que precedió al viaje. Después estuvo a punto de sabotear su buena suerte buscando razones para no ir a Roma. Finalmente fue, pero no se divirtió mucho. Al igual que otros muchos obsesivos, cuando las cosas empiezan a ir "demasiado bien", Dory se prepara para que el Marcador le reste puntos.

Del mismo modo, si se tiene mala suerte se pregunta uno qué hizo para merecerla. ¿Albergó pensamientos egoístas u hostiles hacia alguien? ¿Experimentó demasiado placer por algo? ¿O quizá fue demasiado optimista y confiado? Cuando identifica el "mal paso" dado se siente mejor porque le parece que la próxima vez podrá eludir la desgracia comportándose de otro modo.

Los obsesivos tienden a juzgar las vidas de los demás según

las mismas pautas de justicia. No sienten compasión si se enteran de alguna desgracia que le sucedió a alguien que consideran "malo", y se resienten si ven cubierto de honores y fortuna a alguien que "no lo merece".

Ellos mismos parece que se dedican con frecuencia no sólo a realizar tareas sino también a intentar realizarlas. Esperan que el Marcador Cósmico los recompense por sus esfuerzos y las buenas intenciones, independientemente del resultado. Y si trabajan en el campo de la educación o la salud y su dedicación no arroja resultados espectaculares, se sienten engañados y frustrados.

Si, como es común, el obsesivo ha sido una persona decente, meticulosa y honesta y se ha privado permanentemente de muchos placeres en la vida, habrá ganado miles de puntos. Pero sin embargo, es probable que su vida exponga otros muchos aspectos penosos: tiene que trabajar duro, enferma varias veces al año, personas menos meritorias que él se hacen ricas y famosas, sus inversiones financieras no siempre son brillantes, no todos lo aprecian ni reconocen que es una excelente persona y muchas veces se siente desdichado y deprimido.

Entonces suele amargarse a causa de esto, como si el Marcador lo estuviera engañando o la vida en general lo traicionara. Y si sufre un revés personal importante, lo invade una furia ciega.

Para Helen el golpe se produjo cuando Jack, su marido desde hacía diez años, le dijo que quería divorciarse para casarse con otra mujer, para colmo más joven. Una vez hecha su declaración, empacó sus cosas y se fue a vivir con su amante. Como era de esperar, Helen experimentó toda una gama de emociones increíblemente penosas: humillación, decepción, sentimiento de pérdida, tristeza, sensación de fracaso y de inferioridad. Pero cuando la intensidad de estos sentimientos empezó a disminuir, lo que afloró a la superficie fue la ira. Helen estaba furiosa con Jack y su nueva compañera, pero también estaba enfadada por *algo más*, que al principio no podía expresar.

Sólo poco a poco pudo reconocer la fuente de su rabia. Helen había crecido con la convicción inconsciente de que si una persona es bondadosa, leal, buena amiga y excelente esposa, el

Marcador se ocuparía de que sus méritos fueran debidamente recompensados. A lo largo de sus años de matrimonio se puso cada vez más en evidencia que a Jack no le preocupaba especialmente el bienestar de Helen ni apreciaba sus sentimientos, aun cuando ella trataba de complacerlo desesperadamente. Pero como su sensación de vivir en un mundo seguro dependía mucho de que su mito de la justicia se mantuviera intacto, ella no podía permitirse ver su matrimonio claramente. Así, cerraba los ojos a los desequilibrios de su relación. Además, el reconocimiento de los defectos de su marido y de su deslealtad hacia ella habría sacado a la superficie una ira que, según creía Helen, hubiera puesto en peligro la relación, y ella era demasiado dependiente emocionalmente para arriesgarse.

Esta ira largamente reprimida estalló cuando Jack se fue. Y un día Helen pudo —literalmente— gritarme que no podía soportar la *injusticia* de lo que le había sucedido. Ella había sido leal con su marido, sensible, buena, generosa y solidaria, y todo eso no había impedido que él la traicionara. No podía aceptar que todo aquel esfuerzo bienintencionado no la hubiera protegido, que nada de lo que podría haber hecho le hubiera *garantizado* que no le acontecería esa desgracia. Tenía que enfrentarse con la desoladora evidencia de que su Marcador Cósmico era un invento de su imaginación.

Pero pese a esta revelación, Helen siguió actuando según sus antiguas pautas. Cuando debía encontrarse con su marido para discutir la división de los bienes conyugales, se adaptaba a las necesidades de él, toleraba retrasos y cambios de fecha. Invariablemente, Jack abusaba de su generosidad, desdeñaba sus necesidades, ignoraba su sufrimiento y hasta entraba inesperadamente en su casa. Y ante cada episodio Helen se indignaba por el *injusto* comportamiento de Jack. Una y otra vez esperaba justicia y se sentía decepcionada y furiosa al no obtenerla.

Pero la injusticia suprema era que él, el traidor, era feliz, mantenía una relación amorosa, un nuevo hogar y la mayor parte del dinero que había sido de ambos; mientras que ella —la honesta, generosa y fiel— estaba sola y desesperada y cargaba con todas las deudas.

A lo largo de un tiempo Helen y yo examinamos una y otra

vez su expectativa de obtener justicia, y poco a poco vislumbró que ella misma se exponía a la decepción y a la ira. También empezó a entender que al poner su destino en manos del Marcador Cósmico no podía actuar por su propia cuenta si es que quería cuidar de sí misma. Por ejemplo, ni siquiera había sido capaz de contratar a un abogado.

Helen pudo abandonar su idea de la existencia de aquel juez, el Marcador Cósmico, gradualmente, y modificó su conducta en consecuencia. Dejó de esperar, por ejemplo, que Jack fuera justo con ella, y descubrió que le resultaba mucho más fácil enfrentarse. Además, contrató a un buen abogado y se confió a él para solucionar sus problemas.

Siguió enfadada, pero su ira era más razonable, se basaba en cuestiones específicas y no en una revuelta contra la injusticia de la vida. Y además, a medida que cambiaba ella Jack la encontraba cada vez más atractiva. Hasta llegó a sugerirle que volvieran a vivir juntos. Pero finalmente fue Helen quien puso punto final a una relación que había llegado a considerar enfermiza.

CUANDO LAS ESTRATEGIAS DE CONTROL
ENTRAN EN CONFLICTO

Hemos visto que la necesidad de control del obsesivo abarca tres grandes áreas: control del yo, de los demás y de los acontecimientos. Si bien los hemos examinado por separado, estos tres aspectos del control con frecuencia se imbrican y a veces entran en conflicto.

Jennifer, por ejemplo, relató esta secuencia de hechos. Ella era una perfeccionista con claras opiniones acerca de todo, desde el detergente para lavar platos hasta la mejor tienda para elegir la ropa, y la más barata. De modo que una noche que ella y un grupo de amigos decidieron salir a cenar, Jennifer pensó inmediatamente en el mejor lugar. No obstante, se abstuvo de persuadir al grupo explícitamente para que fueran allí. "No quiero cargar con toda la responsabilidad", dijo. (En los próximos capítulos examinaremos cómo el perfeccionismo provoca habitualmente miedo a la toma de decisiones.) Y afirmó que le parecía bien ir a cualquier restaurante. Pero mientras sus amigos discutían las diversas posibilidades, ella se fastidiaba. De modo que a pesar de sí misma empezó a tratar de imponer su preferencia, mencionando las ventajas de aquel lugar y señalando los inconvenientes de otras alternativas. Y en el momento en que los otros decidían comer allí donde le gustaba a ella, empezó a arrepentirse de haber insistido. Se mantuvo preocupada durante todo el trayecto: pensaba que el *chef* podía haberse ido, que a alguien no le gustaría el tipo de comida o que el servicio sería demasido lento. Mientras cenaban, uno de los compañeros expresó una objeción insignificante a lo que comía; el comentario la perturbó profundamente. Había asumido toda la responsabilidad de esta situación, como si asegurar el desenlace perfecto fuera algo que pudiera controlar ella.

Desde luego, no tenía tal control y conscientemente no habría afirmado que creyera tenerlo. Pero sus actitudes revelan una compleja combinación de tácticas de control. Su deseo de controlar directamente la conducta del grupo (eligiendo el restaurante) entró en conflicto con su temor de que la elección pudiera no ser la más perfecta, con lo cual rebajaría la opinión que tenían de ella sus amigos. Sin embargo, con una sutil presión hizo triunfar sus preferencias, pero luego empezó a preocuparse (como si eso pudiera impedir que sucediera algo malo) y a poner reparos al lugar, en un despliegue de pesimismo autoprotector.

EL FRACASO DEL MITO

Hay muchas experiencias que contradicen el "mito del control", indicándole al obsesivo que *no puede* controlar siempre a los demás, a sí mismo y los acontecimientos. A veces sentirá emociones irrefrenables o quebrantará su autodisciplina. Pese a sus esfuerzos, siempre habrá alguien dispuesto a criticarlo. Y pese a todas sus preocupaciones e intentos de conquistarse al Marcador Cósmico, el obsesivo sabe que, como todo el mundo, alguna vez puede enfermar, sufrir un accidente o perder dinero.

El control retroactivo

Cuando el control del obsesivo falla de algún modo, aflora a la superficie de su ánimo una corriente impetuosa de ansiedad, a menos que pueda él ignorar o distorsionar lo sucedido. Hay un "factor de engaño" muy común, que yo llamo control retroactivo. Las expresiones del tipo "yo hubiera debido...", "si yo hubiera..." o "si hubiera podido..." son fundamentales para este mecanismo. Si ella hubiera hecho esto y no lo otro, habría salido todo bien. Ahora sería rica, jamás cogería una gripe, se desenvolvería perfectamente.

Esta triquiñuela le permite al obsesivo reorganizar los hechos amenazadores *después* de que hayan sucedido. Le ofrece una vía de escape de la verdad que dice que el control que tenemos todos sobre nuestra propia vida es, en cualquier caso, imperfecto. Si esa mujer obsesiva, por ejemplo, se resfría, inmediatamente busca —y casi siempre encuentra— una buena razón para explicar el inconveniente: una corriente de aire que podría haber evitado, falta de sueño, el olvido de la dosis habitual de vitaminas.

Hay personas que hacen algo, lo único que podrían haber hecho, y después afirman que no sólo podrían haber hecho lo contrario sino que deberían haber actuado así. Recuerdo a un hombre muy controlador que estaba hundido por la negativa de su ex novia a reanudar las relaciones, sin tener en cuenta que la muchacha ya tenía otro novio.

Es interesante señalar que Dennis, el protagonista de esta historia, decía que su novia lo había dejado por algo que él había hecho o dejado de hacer y que si ella le daba otra oportunidad se comportaría de otro modo (salvando así la relación). Pero el recuerdo que tenía Dennis de su relación con la muchacha estaba gravemente distorsionado. Ella había expresado varios argumentos muy razonables para terminar con el noviazgo, y ninguno tenía nada que ver con el comportamiento de Dennis. La joven no podía aceptar la diferencia de religión, y además, le mortificaba que Dennis fuera quince años mayor que ella. Pero el hombre negaba firmemente la realidad de estas objeciones. Era evidente que su obstinada insistencia en proponer otra versión de los hechos surgía de la necesidad de sentir cierto control retroactivo. Mientras pudiera atribuir la ruptura a algo que *él* había *hecho*, pensaba que *podría* haber actuado de otro modo. Lo que no podía aceptar era el hecho de que su novia se hubiera apartado de él por algo que estuviera *fuera del control de ambos*. Reconocerlo habría significado reconocer también que el "mito del control" era sólo eso: un mito. Pues su ansiedad habría aumentado.

Cuando también el control retroactivo fracasa

Pese a la utilidad del control retroactivo para reducir la ansiedad de las personas obsesivas, a veces ocurren catástrofes que no pueden ser negadas ni borradas con un pase de prestidigitación psicológica. Un hecho de ese tipo tuvo lugar en San Diego, California (EE. UU.) en una mañana de septiembre de 1978.

Ese día, un Boeing 727 con 135 personas a bordo iniciaba un aterrizaje de rutina cuando chocó con un pequeño Cessna comandado por un estudiante, a quien acompañaba su instructor. El avión más pequeño se desintegró instantáneamente, pero la aeronave de pasajeros, aunque dañada, permaneció intacta hasta que se estrelló contra el suelo. La tragedia monopolizó los titulares de los medios locales durante varios días. En mi consultorio, en cambio, el impacto del accidente se prolongó varios meses, en consonancia con los graves sentimientos de ansiedad de mis pacientes obsesivos.

Estos pacientes no podían dejar de pensar que los pasajeros del avión no habían tenido control alguno sobre su destino y tuvieron que aceptarlo durante los veinte o treinta segundos que la nave tardó en caer. La idea de ese indefenso medio minuto era lo que les resultaba intolerable.

Desde luego, mis pacientes sabían que cada uno de ellos podría haber estado en el avión, que era una línea de gran frecuencia entre Sacramento y San Diego. Evidentemente, el hecho de que no se hubieran encontrado entre el pasaje era obra del puro azar. Por lo tanto, no podían esgrimir sus habituales argumentos defensores del mito, como "Yo nunca viajo en un avión alquilado", o bien, "Jamás subiría a un avión si hay tormenta", y hasta "No hay que recorrer el país si hay guerra civil". La tragedia los confrontó con su ineludible condición de mortales.

La ansiedad que sintieron era consecuencia inevitable del debilitamiento de su mitología del control. La única y poderosa razón por la que los obsesivos construyen el "mito del control" y lo incorporan es porque así pueden alejar la ansiedad, y cuando una experiencia contraría el mito, si no pueden ignorarla o reinterpretarla la ansiedad resurge con virulencia. Y los obsesivos desarrollan síntomas físicos como jaqueca, problemas estomacales, insomnio o zumbido de oídos.

Aun cuando no sufran padecimientos agudos, la rígida necesidad de control de los obsesivos les causa un daño irreparable. Su nunca bien ponderado autocontrol, por ejemplo, es como una armadura que se hubiera oxidado y que su dueño ya no se pudiera quitar. Ideada en la infancia como protección, coarta ahora la vida. Por otra parte, su postura rígidamente controlada se ha convertido en una fuente de orgullo que no se atreven a desafiar. Y aunque querrían ser más flexibles y espontáneos, el miedo los inhibe.

Ese miedo es una de las razones por las que el cambio es tan difícil para los obsesivos, aun para aquellos que sufren como consecuencia de su control autoimpuesto. Hay también otras razones, que se aclararán en las páginas siguientes. Pero a pesar de todos los impedimentos, creo que se pueden lograr cambios importantes si se dispone de dos cosas: motivación e introvisión.

Por motivación entiendo la voluntad y el deseo de esforzarse por modificar actitudes y conductas que causan desdicha. Por introvisión entiendo la comprensión de cómo los rasgos obsesivos causan el daño, y también ciertas ideas para adoptar actitudes y comportamientos alternativos. Y si bien alentaré esto constantemente, la motivación para el cambio debe salir del interior. Por otra parte, los próximos capítulos ampliarán esta comprensión; se expone en ellos un examen en profundidad de los rasgos obsesivos más importantes. Empecemos con la búsqueda compulsiva de la perfección.

3
Demasiado perfecto

Quienquiera que piense un objeto
perfecto encontrar
Piensa en lo que no fue, ni es,
ni nunca será.

ALEXANDER POPE
An Essay on Criticism

Supongamos que para alguien es importante hacer un buen trabajo. Trata de no cometer errores, presta atención a los detalles y se esfuerza por ser prolijo. Valora la capacidad, en uno mismo y en los demás. ¿Significa esto que es un perfeccionista? No necesariamente. Los atributos que acabo de describir son aspectos de una saludable y normal *voluntad de excelencia*, rasgo de la personalidad que suele contribuir al logro de la satisfacción personal, el éxito material y el reconocimiento profesional. Pero en algunas personas la voluntad de excelencia asume proporciones exageradas. Se trata de gente que alberga la convicción inconsciente de que todo error es absolutamente inaceptable. Se sienten impulsados a buscar no sólo la excelencia sino también la perfección. En un nivel inconsciente, los perfeccionistas creen que *vivir sin errores es posible y a todas horas necesario*.
El credo del perfeccionista reza:

1. Si me esfuerzo siempre al máximo y soy lo bastante inteligente y atento, puedo evitar los errores. Puedo no sólo desenvolverme impecablemente en las cuestiones importantes y ser la persona ideal en todas las situacio-

nes, sino también evitar las torpezas, los descuidos y las decisiones equivocadas de la vida cotidiana.

2. Es fundamental evitar los errores, porque ellos demostrarían que no soy tan competente como podría ser.

3. Al ser perfecto me siento seguro con los demás. Me admirarán y no tendrán motivo alguno para criticarme o rechazarme. Y se me tendrá en cuenta.

4. Mi mérito depende de lo "bueno" que soy, de mi inteligencia y de mi excelente desenvolvimiento.

LA PERFECCION Y EL CONTROL SE SUPERPONEN

Si se examina atentamente este credo se verá que, al igual que el "mito del control", constituye un dispositivo inconsciente para mitigar las ansiedades. Es consecuencia de la tentativa caprichosa de un niño para garantizar el equilibrio entre los demás y su autovaloración, destacándose y no dejando lugar a la crítica. El niño destinado a ser perfeccionista considera la perfección el único salvoconducto para no ser vulnerable a los peligros de la crítica, la confusión, la ira y la pérdida del amor de sus padres.

Ser perfecto y no dejar lugar a las críticas es una de las maneras que usa el obsesivo para ejercer el control en sus relaciones. Control y perfección pueden ir de la mano de muchas maneras. Ser moralmente perfecto, por ejemplo, es una manera de lograr que el Marcador Cósmico esté siempre en deuda con nosotros.

Tal como pasa con el mito del control, proteger y confirmar el credo perfeccionista es crucial para el equilibrio mental del obsesivo. Para el obsesivo que es muy perfeccionista, equivocarse no es un evento cotidiano ante el que nos encogemos de hombros; es un desastre psíquico. "Simplemente no puedo errar", me dicen mis pacientes. "Cada pequeño fracaso es devastador."

Los fracasos son devastadores porque cuestionan el credo y por lo tanto generan ansiedad. Además, el perfeccionista basa gran parte de su amor propio y de su orgullo en su capacidad para hacer las cosas impecablemente, de modo que los errores lo hacen sentirse estúpido e inútil. Probablemente se enfadará consigo mismo, lo que prueba que cree que hubiera podido evitar el error. Y si ese error es advertido por otra persona, su confusión no tiene límites. Muchos obsesivos parecen sentir una creciente amenaza de vergüenza y humillación, y llegan a excesos para evitarla.

PERFECCIONISMO Y VOLUNTAD DE EXCELENCIA

Es importante distinguir entre perfeccionismo y un saludable deseo de excelencia, que es una intención consciente de desempeñarse con competencia. Esta última actitud es flexible y razonable, mientras que el perfeccionismo es perjudicial, rígido y compulsivo. El realizador sano, si bien suele encontrar un placer intrínseco en hacer bien su trabajo, tomar decisiones correctas y ver reconocida su excelencia, mantiene una perspectiva racional. Se da cuenta de que ciertas tareas no admiten un gran margen de error; si es, por ejemplo, cirujano o piloto de avión, se prepara para su profesión y después hace su trabajo de un modo exigente y concienzudo, con atención total a los detalles. Pero si está guisando para los amigos que ha invitado a comer, o eligiendo una camisa, puede ser menos exigente. A diferencia del perfeccionista, se da cuenta de que en estas cuestiones un error no tendrá mayores consecuencias y por lo tanto no le preocupa. Por lo general esta persona es capaz de conformarse con un resultado que no sea perfecto.

La experiencia subjetiva y el éxito

Aun cuando el perfeccionista y su contrario, el realizador sano, lleven a cabo determinada actividad de modo igualmente impecable, la experiencia subjetiva de ambos es diferente. El deseo de excelencia de la persona sana tiende a procurarle placer, mientras que el perfeccionismo es casi siempre fuente de sufrimiento. Un paciente que había tocado el piano en su infancia y volvió a hacerlo siendo adulto me explicó cómo sus expectativas perfeccionistas le estaban estropeando el placer de estudiar. "Me pongo tenso hasta cuando estoy solo, practicando. Pienso que no progreso bastante. Sé que tengo aptitudes para la música, y la gente que me ha oído dice que lo hago bien. Pero nunca tengo la sensación de dominio. Aunque toque bien una pieza, una sola nota en falso me deshace totalmente el trabajo entero."

El no perfeccionista no necesita hacerlo todo bien siempre. Su seguridad no depende de sus antecedentes intachables o de ser considerado la persona ideal. Pero cuando alcanza un objetivo o supera un obstáculo siente gratificación, realización y alegría.

El perfeccionista, por el contrario, tiende a experimentar toda tarea o interacción como un test que reflejará su competencia. De modo que para él es importante hacer las cosas correctamente, conocer las respuestas, tomar una "buena" decisión. En todo lo que emprende, sus motivaciones y sus objetivos son tan complicados que siempre está preocupado y tenso. Cuando logra la excelencia, rara vez disfruta de ella.

Todos los días tengo ocasión de ver el coste enorme del ideal de perfección ilusorio. Si una persona tiene que ser impecable prácticamente en todo, la tarea más insignificante se convierte en una pesadilla. Una paciente de algo más de treinta años me confió cuánto estrés le había significado organizar la fiesta de cumpleaños de la hija de nueve.

"Es preciso que lo haga todo bien; me resulta difícil no intentar mejorar cada detalle. Anoche, por ejemplo, se me ocurrió una nueva idea para los regalos sorpresa, que se adaptaría maravillosamente al tema de la fiesta. Eso sí, significaba algo más de trabajo. Pero yo no puedo ponerme un límite. Me parece que si todos los detalles no están perfectos la fiesta será un fracaso, aunque decir eso parezca una locura. Tengo la sensación de que todos me criticarán. No puedo disfrutar de nada, estoy siempre demasiado preocupada por hacer todo bien."

Además de someter a los obsesivos a una presión enorme, el credo del perfeccionista puede causar otros perjuicios, aún más insidiosos. Puede, por ejemplo, impulsar a los obsesivos a observar comportamientos inadecuados, que influyen en su vida mucho más que la gratificación de no cometer errores.

Los plazos fatales

Muchos perfeccionistas tienen dificultades constantes para hacer su trabajo y hasta para iniciarlo. Tienden a postergar todas las tareas porque sienten que deben realizarlas a la perfección.

"Tengo que obligarme a hacer las cosas", me contó Stephen, un arquitecto y urbanista. "Por ejemplo, para redactar los informes. Por lo general decido inmediatamente cuál es la recomendación adecuada y sé que a largo plazo funcionará. Mi juicio, por lo tanto, es bueno. Pero cuando llega el momento de redactar la recomendación, la postergo. Tengo miedo de ser *juzgado* por mi opinión."

Una vez iniciada una tarea, el perfeccionista siempre encuentra algún motivo para mejorarla. No importa cuánto tiempo se dedique a un proyecto, siempre existe la posibilidad de que alguien descubra un detalle erróneo. De modo que el perfeccionista detiene el proyecto y le concede más tiempo del necesario. En su mente, el peligro consiste en entregar algo antes de que esté perfecto. Bajo semejante presión, algunos perfeccionistas no cumplen los plazos; otros llegan a respetarlos, pero con un coste personal enorme.

Conozco algunos ejemplos notables de personas que se aferran a una tarea que está "casi lista" y se niegan a entregarla. Recuerdo a un economista que era víctima de un comportamiento perfeccionista cada vez que tenía que presentar un trabajo en algún congreso. Para "cubrirse", pulía y revisaba el escrito hasta que era demasiado tarde para enviarlo por correo.

Entonces tomaba un avión a la ciudad del congreso para entregar personalmente su ponencia el mismo día en que vencía el plazo. ¡Y seguía revisándolo febrilmente en el viaje!

Más sorprendente aún me resultó el caso de un graduado de cuarenta y un años que había estado trabajando varios años en la *introducción* a su trabajo de tesis. Este hombre, de apellido Leona, había sido rechazado en una universidad de primer nivel —a la que se había presentado para cubrir un cargo de profesor— a causa precisamente del excesivo retraso de su tesis.

—Sigo tomando notas, esbozo líneas —me contó—, pero no escribo. En vez de escribir directamente, tomo más notas para profundizar. Y sin embargo, sé que mis mejores ideas surgen a la hora de escribir, no de los planes y de las notas.

—Entonces, ¿por qué no escribe? —pregunté.

—No lo sé con certeza —replicó, después de un largo silencio—. Me siento paralizado por la presión de dar a luz algo mejor que lo que se ha escrito hasta ahora.

—¿Y por qué tendría que ser *mejor* su trabajo?

—Pienso en la reacción de las personas que lo lean. Me preocupa especialmente un profesor que ha estado apoyándome. Me lo imagino leyendo mi trabajo y pensando que después de todo no tengo tanto talento como él creía.

Este paciente quería que cada frase fuera rotunda, y era incapaz de escribir una palabra hasta que estaba absolutamente seguro de que era la *correcta*. Pero paradójicamente, mientras más se retrasaba su trabajo, también eran mayores, en su opinión, las expectativas de otros, de modo que la presión que él mismo se infligía aumentaba a medida que pasaba el tiempo.

Una y otra vez he escuchado a pacientes que me cuentan que se sienten paralizados —hasta llegar a la inactividad— por la pavorosa exigencia de realizar su tarea no sólo con perfección sino de un modo que impresione; es decir, por la exigencia de ser "grandes". Debo señalar que el obsesivo no piensa conscientemente que debe sobresalir a cualquier precio; reconocerlo sería pretencioso. Pero cada vez que interrogo, por ejemplo, a una profesora e indago, punto por punto, por qué no puede soportar que alguien lea un escrito suyo y le dé su opinión, o le pregunto a un hombre por qué no tolera que lo consideren un abogado (o arquitecto, o *chef*, o ejecutivo) corriente, surge aquel deseo de dejar atónitos a los demás con su conocimiento o su capacidad. Esta exigencia de ser grande no sólo inhibe la actividad cotidiana sino que puede también desalentar el desarrollo del propio talento, a veces a una edad trágicamente temprana. Pienso en Janine, una arquitecta de veintisiete años de gran talento, con dificultades para acometer proyectos importantes porque estaba convencida de que tenía que "producir un proyecto tan innovador que dejara atónito a todo el mundo". Y la visión de futuro de Janine era aún más triste. "Tenía grandes planes, muchas fantasías", me contó. "Pero como mi trabajo tiene que ser tan increíblemente bueno, resulta infinitamente más largo. Reconozco que he perdido los últimos dos años. Cualquier cosa que haga ahora será inferior a lo que había pensado. A veces me pregunto si vale la pena seguir."

La necesidad de ser exhaustivo

Un rasgo vinculado a la necesidad de ser impecable es la necesidad de ser *exhaustivo*. Cediendo a esta presión, el perfeccionista que debe presentar, por ejemplo, un informe escrito, incluirá más información que la necesaria. No puede trazar un límite entre lo que es importante y lo que no lo es. No quiere correr el riesgo de omitir algo por temor de que alguien pueda pensar que no estaba suficientemente informado. ¿Y si por esa causa pierde la venta (o el pleito, o la beca)? ¿Y si esto lo lleva a trabajar cada vez menos sistemáticamente y se convierte en un mediocre?

Entre los innumerables ejemplos de este comportamiento, tomemos el de la profesora que quiere impartir siempre una clase perfecta. En el transcurso de la clase presentará un cúmulo de información adicional, para darse cuenta al final de que le quedan escasos minutos para abordar las cuestiones centrales. Y los estudiantes no pueden seguir bien una exposición cada vez más frenética, y abandonan el aula sin haber captado lo fundamental.

Otro ejemplo es el del médico que al recibir a un nuevo paciente confecciona una historia clínica innecesariamente exhaustiva, realiza después un examen a fondo y, desde luego, se excede en el tiempo dedicado a la consulta. Tiene cada vez más pacientes esperando, de modo que escribe apresuradamente una receta y se limita a darle al enfermo breves instrucciones para tomar la medicina. El paciente sale del consultorio sintiéndose mal atendido.

A veces, cuando interrogo a un paciente obsesivo acerca de un punto específico —como por ejemplo si ha dormido bien últimamente— me bombardea con muchos más detalles de los que necesito. La experiencia me ha enseñado que si trato de interrumpir su respuesta para obtener la información que busco, se sentirá molesto conmigo por presionarlo para que abrevie. De modo que su explicación monopoliza toda nuestra conversación y terminamos redondeando el análisis del punto clave en los últimos minutos de sesión.

Es necesario considerar que existen diversos motivos inconscientes que pueden influir sobre la conducta de una persona en una situación como ésta. Explayarse en detalles y largas explicaciones le permite a un paciente de psicoterapia evitar la confrontación con sus sentimientos. Otro motivo encubierto puede ser el deseo de convertir al psicoterapeuta en un oyente, negándole su papel activo. (Si maneja la conversación, quien lleva las riendas es él.)

Sin embargo, el principal motivo de un obsesivo para abundar en detalles suele ser su exagerado temor de omitir algo que puede ser importante. Este temor le impide advertir que el exceso de detalles amortigua el impacto de lo que realmente le importa puntualizar, aburriendo y confundiendo a su interlocutor en vez de iluminarlo. Si es preciso abordar todos los puntos, reconocer todas las ventajas, desventajas y posibilidades, la comunicación es estéril, carece de fuerza, matiz e intencionalidad. También en este caso el perfeccionismo termina por malograr el desempeño general en vez de mejorarlo.

El desbarajuste

Así como la expresión verbal de algunos perfeccionistas es un amontonamiento de detalles, el entorno físico de otros es un caos, porque no pueden descartar *nada* de su vida. Los paraliza el temor de cometer un error irreparable al tirar algo a la basura; y esto es así porque son incapaces de establecer prioridades.

Uno de los ejemplos más extremos que conozco es del Karl, administrador de un hospital, que tenía cincuenta años cuando lo vi por primera vez. Hacía dos años que vivía en un apartamento nuevo, pero el interior de su vivienda estaba lleno de cajas y cajones amontonados hasta una altura de dos metros. Karl había dejado espacio suficiente para transitar, pero casi no tenía muebles. Hasta dormía en el suelo.

Me explicó que las cajas contenían periódicos, revistas y libros que pensaba leer "cuando tuviera tiempo". Tampoco se decidía a deshacerse de correspondencia atrasada, utensilios domésticos rotos o cajas vacías porque, según decía, no sabía cuándo podría necesitarlos. Desde luego, Karl no podía invitar a la gente a su casa, y su vida social se resintió. Pero cada vez que decidía hacer *limpieza*, lo abrumaba la necesidad de priorizar: todo le parecía imprescindible.

Su fobia a los errores empezó a perjudicar su productividad en el trabajo y hasta afectó su forma de hablar. Por miedo a omitir algo, Karl se entregaba a largos y farragosos monólogos a todas luces perjudiciales para su imagen, cosa que él mismo advertía.

Cuando le pregunté por qué no podía, al menos, guardar las cajas en un almacén, esbozó algunas débiles razones: podría necesitar algo y era muy incómodo tener que ir al almacén a sacarlo. Además, tampoco sabía nada del tema del almacenaje y necesitaba informarse.

Sin embargo, mientras más lo presionaba yo, más dispuesto se sentía Karl a enfrentar las consecuencias de sus racionalizaciones. Un día admitió que en vez de conservar sus pilas de revistas *podría* ir a leer a una biblioteca. En una ocasión se acordó de pronto de un antiguo programa de televisión en el que actuaba un personaje, Mr. Peppers, profesor de la escuela secundaria. En el episodio que Karl recordó, el profesor intentaba persuadir a sus alumnos de que memorizaran la fórmula del ácido sulfúrico porque algún día el presidente de los Estados Unidos en persona podía hacerles esa pregunta. ¿Cómo se sentirían entonces si el presidente les preguntara la fórmula y no la supieran? Karl sonreía tristemente al recordar el espectáculo, pero también empezaba a reconocer que una lógica igualmente distorsionada estaba paralizando su vida.

Afortunadamente, Karl había llegado a un punto en que el estancamiento se había hecho tan insoportable que estaba dispuesto a arriesgarse a hacer algunos cambios. Aprendió a reconocer los costes de su perfeccionismo. Poco a poco empezó a aprobar planes de trabajo aun cuando careciesen de detalles de información, pequeños y no esenciales. Esto disminuyó los atrasos laborales en que estaba ahogándose. Y por último decidió jugarse el todo por el todo e inició la paulatina remoción de la basura que atiborraba su apartamento. Casi inmediatamente sintió cierto alivio; al ver claramente hasta qué punto lo había perjudicado su perfeccionismo autoprotector cobró fuerza y decidió superarlo.

Como veremos en el capítulo 8, algunos obsesivos pasan al otro extremo: son demasiado ordenados. Pero las variaciones menores del desorden de Karl son comunes en personas obsesivas. Por lo general estas personas son desprolijas en todo, pero el desorden puede también invadir sólo un área de su vida: el automóvil, por ejemplo, o cierto armario. En muchos casos, paradójicamente, es el perfeccionismo lo que provoca ese desorden. Limpiar requeriría fregarlo todo, sacar hasta la última partícula de polvo, encontrar un lugar para almacenar las posesiones, una tarea tan hercúlea que desalentaría a cualquiera.

Los efectos más graves del perfeccionismo pueden apreciarse en las relaciones personales. Estos problemas surgen de:
- el miedo de que los demás adviertan nuestros errores,
- la necesidad de tener razón en todo,
- una actitud constantemente crítica.

Inhibiciones sociales

Examinemos primero el miedo a que los demás adviertan nuestros errores. Este miedo es responsable por diversas inhibiciones sociales, que varían en intensidad, desde una leve aprensión hasta el terror paralizante, acompañado por taquicardia, mareos, malestar estomacal y algunos otros síntomas.

Marian sintió el nocivo impacto de su miedo perfeccionista cuando decidió asociarse a un centro excursionista para hacer ejercicio. Llegó hasta el lugar de reunión en su automóvil, aparcó y no pudo unirse al grupo. La idea de que estaba "ridícula" con aquellos pantalones cortos nuevos la paralizó literalmente, y de pronto se sintió mareada y temblorosa. No pudo enfrentar la mortificante posibilidad de que su nerviosismo fuera tan claro que la obligara a retirarse. Amargamente decepcionada, puso en marcha el coche y volvió a su casa.

Los miedos sociales suelen ser sutiles. Supongamos que se inicia el estudio de un idioma, sólo por placer. Cuando se tropieza con el vocabulario y la gramática, en vez de aceptar esos errores simplemente como parte inevitable del proceso, uno se siente confundido y humillado y hasta puede llegar a abandonar el estudio. Por último se limita a acometer tareas en las que se siente competente, privándose así de experiencias potencialmente enriquecedoras o gratificantes. La gran mayoría de los pacientes obsesivos me han hablado alguna vez, con remordimiento, de algunas cosas que no se habían permitido hacer aunque lo deseaban fervientemente.

Muchos obsesivos ven en el sexo una suerte de competencia

llena de amenazas de críticas o comparaciones desfavorables. Muchos adolescentes obsesivos huyen de las primeras citas amorosas para no arriesgarse a parecer tontos o para no poner en evidencia su ignorancia en ese campo. En consecuencia, tienen menos experiencias sociales y sexuales que sus amigos, lo que los hace aún más ineptos. El ciclo continúa y el resultado es casi siempre el aislamiento y la soledad.

Si bien las formas del miedo son muy diversas, *la mayoría de las personas socialmente inhibidas albergan un miedo encubierto de ser criticadas por sus defectos*. Casi siempre se sienten falsamente vigiladas y creen que los demás las rechazarán o les perderán el respeto si cometen algún desliz o manifiestan alguna imperfección. Una mujer, por ejemplo, me contó que una noche salió a dar un paseo y se encontró en la calle con una fila de gente que hacía cola para entrar al cine. La idea de ser observada por todas aquellas personas le resultó tan insoportable que dio la vuelta a la manzana para no pasar frente a la fila. Otra paciente se sentía abrumada por sentimientos de ansiedad ante cualquier grupo de gente; hacer las compras, por ejemplo, le despertaba extrañas fantasías: sentía que su cara se "resquebrajaba". Y otra, una brillante física, tenía un miedo tan intenso al escenario que una presentación en público la hacía transpirar intensamente, cosa que aumentaba aún más su turbación.

Ninguna de ellas era capaz de explicar su enorme y paralizante vulnerabilidad; las ideas irracionales subyacentes que perpetúan los miedos sociales no son obvias. Pero el coste de la ansiedad y la inhibición es evidente. Además del estrés cotidiano con el que tiene que convivir, el sujeto empieza a perder relaciones personales, ascensos en el trabajo y la capacidad de disfrutar de cualquier acontecimiento.

Tener razón a toda costa

Otra manera de que el perfeccionismo pueda dañar las relaciones personales surge de la necesidad del perfeccionista de tener razón siempre y a toda costa. Para el perfeccionista, los errores son un anatema; pero todos nos equivocamos a veces. (Después de todo, el perfeccionismo *es* un mito. La existencia humana no está libre de error.) Muchos obsesivos admiten *en términos abstractos* que ellos también cometen errores. Después de todo, la capacidad de reconocer los propios defectos forma parte de las cualidades de una "persona perfecta". Pero los perfeccionistas obsesivos tratan de evitar los errores *específicos*, sobre todo en cuestiones importantes, y esto suele irritar a los demás.

Es lisa y llanamente desagradable tener que frecuentar a alguien que está demostrando siempre que tiene razón. En primer lugar, nunca se valoran nuestras aportaciones porque el otro actúa como si lo supiera todo. Y no se le puede enseñar nada a alguien que no pueda reconocer, ni siquiera tácitamente, que su comprensión ha sido deficiente.

Esta incapacidad surge con frecuencia en la terapia. Cuando el terapeuta u otros miembros del grupo hacen una observación acerca de un obsesivo, es muy común que se resista o insista en que son los otros los que están equivocados, y después se lance a una larga disertación sobre el tema, y la remate recordando el comentario original. El comunicante tiene la impresión de que sus comentarios ni siquiera han sido escuchados.

Los perfeccionistas tratan de negar siempre sus errores. En una charla rechazan una y otra vez, amablemente, los argumentos de su interlocutor hasta que retrocede, muchas veces por cansancio. Otras veces insisten en que su punto de vista está siendo mal interpretado. Pero invariablemente evitan admitir su culpabilidad.

Incluso en caso de error absolutamente innegable, les cuesta admitir tranquilamente que estaban equivocados. Y muchas veces se ponen a la defensiva, introduciendo tantos *pero, sin embargo* y otras expresiones por el estilo que los oyentes ya casi no perciben la admisión del error en medio de tanta cháchara. Hasta cuando reconocen haberse equivocado, los perfeccionistas parecen estar diciendo que, en realidad, tenían razón... en parte. Presentan las cosas como dando a entender que, dadas las circunstancias, estar ligeramente errado era la posición más inteligente posible. Pero en general ni siquiera perciben cuán desagradable les resulta a los demás esa obstinada pretensión de infalibilidad.

En su necesidad de estar por encima de toda crítica, los obsesivos perfeccionistas llegan a tratar de convencer a un amigo ofendido o furioso de que sus sentimientos son inadecuados o "erróneos". He visto este mecanismo en padres interactuando con sus hijos. El padre señala un error y el niño se defiende, obviamente herido por la crítica. El padre, en vez de reconocer los sentimientos de su hijo, responde aduciendo más razones a esa crítica que considera correcta, dando por sentado que el niño no tiene razón de sentirse ofendido. El niño termina por sentirse mal no sólo porque cometió un error y fue criticado por la figura de poder, sino también porque no "debía" haberse sentido herido por la crítica.

El mismo tipo de interacción se despliega por lo general entre maestro y alumno, marido y mujer, colegas de trabajo. Una persona le espeta a la otra: "¡No deberías sentirte así!". Ahora bien, el obsesivo siempre se sorprende si la otra persona le replica que aún le ofende más ser criticada por sentir lo que siente. El obsesivo no se da cuenta del daño que causa al tratar de convertir una cuestión de sentimientos en una disputa: lo único que consigue es que su interlocutor le guarde rencor y no vuelva a discutir más. Pero teniendo en cuenta que los obsesivos tienden a desdeñar los sentimientos, no es sorprendente que procedan como si la mera lógica pudiera eliminar los sentimientos de dolor y de ira de un ser querido.

LA CRITICA CONSTANTE

El tipo de perfeccionismo cuyo motivo del escrutinio es el perfeccionista mismo es el más claro. Pero existe una variante del perfeccionismo: una exagerada inclinación a molestarse por los errores ajenos o en cosas. Esta inclinación hacia la crítica constante tiene raíces ligeramente diferentes del primer tipo de perfeccionismo.

El criticón —u obsesivo abiertamente crítico— jamás está

contento. Si bien la mayoría de las personas preferirían tener un cónyuge ideal, por ejemplo, en general aceptan que gran parte de la vida es imperfecta y no invierten demasiado tiempo y energía en mortificarse por los pequeños defectos de su pareja. Pero si alguien es un obsesivo crítico, será experto en encontrar defectos en *todo*, y no puede dejar de irritarse por los defectos que encuentra.

Con sus colegas de trabajo es diplomático y solidario, pero así como piensa siempre que su propio trabajo podría ser superado, es difícil que acepte sin reservas el resultado de la labor de otro.

Las relaciones amorosas también se resienten a causa de esta actitud constantemente crítica. Sarah admitió tristemente que su perfeccionismo le había deshecho algunas relaciones.

"Cada vez que tenía novio, me sentía más y más molesta por sus defectos", me contó. "Mientras más permaneciera con un hombre, más intensa era la sensación de que sus defectos se reflejaban en *mí*: en mis gustos y mis opiniones, por ejemplo. No podía recordar qué me había atraído de él. Pero después, cuando ya no entraba en mi vida, lo veía con toda claridad."

Respecto de su ex marido, Edward, admitió a regañadientes que "andaba siempre detrás de él, criticando sus opiniones, la manera de gastar el dinero, sus charlas con nuestro hijo. Finalmente, él empezó a ocultarme algunas cosas para evitar las críticas".

Edward empezó a guardar resentimiento hacia Sarah porque se sentía inhibido en su presencia. Su resentimiento invadió otros aspectos de la vida común: perdió interés en la relación sexual con su esposa y pasaba menos tiempo con ella. Para Sarah significó que estaba perdiendo su atracción. Sentía, además, que la privaba de algo que deseaba, y se enfadó. Como consecuencia se hizo aún más criticona, perpetuando así el problema.

El hijo de cinco años de la pareja, Jonathan, también se sentía menospreciado por las constantes críticas de Sarah. El impulso permanente de ella hacia la crítica se filtraba aun a través de su empeño en resultar positiva y alentadora. Por ejemplo: si elogiaba un dibujo de su hijo, o su agilidad en un deporte, no podía dejar de sugerir que más adelante lo haría mejor. Y si lo acompañaba a algún espectáculo, siempre prestaba más atención a las cosas que el niño hacía *mal*.

Reflexionando, Sarah supo reconocer bien pronto el impacto negativo de su tendencia a encontrar defectos en todo; pero se sentía incapaz de cambiar. Siempre había sido criticona; para ella, este rasgo era un pilar inconmovible de su ser, y hasta se enorgullecía de él. Creía que era más observadora que otras personas. Pero se veía obligada a sobrellevar las penosas consecuencias de su postura. "Mi perfeccionismo ha convertido mi vida en un infierno", decía. "Me siento tan sola... Deseo mucho construir una relación estable con un buen hombre, pero ya he destrozado un par de oportunidades. Creo que ya no tendré otra."

Quien, como Sarah, se concentra constantemente en lo negativo, no sólo saboteará sus relaciones sino que también acabará con su alegría de vivir. Esa diminuta mancha en la copa no sólo le llama la atención sino que le priva del placer de beber. Si está escuchando música y el aparato no es excelente, el menor fallo en la calidad del sonido le impide disfrutar de la música. Y tampoco puede entregarse a la melodía de la vida. Lo que le ensordece es un ruido que casi todos ignoran. Lo escucha por todas partes y, aunque lo aborrece, no sabe cómo concentrarse en los elementos más positivos de la vida.

SUPERAR EL PERFECCIONISMO

La mayor paradoja —y la tragedia— del perfeccionismo es que *simplemente no funciona*. Cabría suponer que se es constantemente elogiado y que nadie lo critica a uno. Pero no es así: el perfeccionismo perjudica el trabajo y las relaciones, y somete a una tensión intolerable. Si se ha llegado a la conclusión de que el perfeccionismo nos está perjudicando, ha llegado el momento de cambiar, y *puede* hacerse.

Completamente humano

Uno de los dogmas del credo del perfeccionista es la idea de que los demás lo rechazarán si comete un solo error, ignora algo o manifiesta la menor imperfección. De hecho, sucede exactamente lo contrario: la necesidad de tener razón y obrar bien en todo momento enajena amistades.

Nadie simpatizará con un perfeccionista, lo amará o disfrutará de su compañía simplemente porque tenga siempre razón o nunca cometa errores. Es cierto que la gente puede admirar su capacidad y sus conocimientos. Ser competente, inteligente y razonable es un mérito, pero estas cualidades por sí solas nunca granjearán el amor.

Entonces, intentamos hacer lo siguiente: la próxima vez que le pregunten algo y no sepa la respuesta, diga exactamente eso: "No sé". No disimule, no despliegue mil artimañas para no reconocer su ignorancia, no ofrezca algo que sabe pero que no responde a la pregunta. Sólo diga: "No sé". Después, evalúe cuántos amigos ha perdido, indague cuánto menos lo quieren, fíjese si ya no lo respetan.

Y la próxima vez que cometa un error, admítalo. No explique por qué lo cometió. No demuestre que, en las mismas circunstancias, cualquiera se habría equivocado. No insista en afirmar que su respuesta ha sido, en realidad, correcta pero mal interpretada.

Limítese a confesar: "Estaba equivocado". Después, empiece a contar cuántas personas le vuelven la espalda. Desde luego, estoy exagerando; pero cuando se empiece a demostrar su falibilidad, cuando abandone esa necesidad de saberlo todo y de demostrar cuán inteligente es, se habrá liberado de una pesada carga. Se sentirá más relajado. Le resultará más fácil sonreír. ¡Será libre! Y estos cambios se producirán la *primera vez* que se suprima la necesidad de ser infalible.

Superar el miedo a la vergüenza

Si alguien se aparta de ciertas actividades porque tiene miedo de tener vergüenza o de sentirse menospreciado, formúlese dos preguntas: ¿los miedos y las inhibiciones sociales le impiden desplegar todas sus posibilidades y disfrutar de la vida? ¿Está dispuesto a soportar cierta dosis de ansiedad para superar el problema?

Si la respuesta a ambas preguntas es afirmativa, se beneficiará muchísimo empezando a exponerse sistemáticamente a las situaciones que teme. Es necesario hacerlo poco a poco, pero empezar de inmediato. Por ejemplo, si les tiene miedo a las disquisiciones, empiece por hacer preguntas al expositor. No espere hasta tener algo brillante que decir, diga cualquier cosa, sea espontáneo.

Si su ansiedad se concentra en manifestaciones sociales, como fiestas, asista a todas las que pueda y trate de entablar conversaciones amenas: salude a la anfitriona y elogie los bocadillos o el vino. Una vez que llegue a sentirse cómodo, avance: inicie una charla con alguien que a primera vista le resulte agradable o con algún conocido que le resulte simpático. Preparar mentalmente una lista de temas apropiados no es mala idea.

Siga el mismo esquema de progreso gradual en otras situaciones inhibitorias. Asista a algún curso que le obligue a disertar o a realizar otras actividades en público. Asóciese a un centro excursionista. Ofrezca de vez en cuando una fiesta en casa. No se preocupe por la perfección de la comida, piense que todo saldrá bien o que, en todo caso, algún pequeño desliz no tendrá importancia. Si le parece que todos se dan cuenta de que está nervioso, o dice alguna inconveniencia, no se permita sentirse humillado. Concéntrese en la idea de que los errores hacen *más atractiva* a una persona y no menos interesante. Aparecerá como un ser humano auténtico y vulnerable, y la gente podrá conectarse con usted.

Recuerdo que una de mis pacientes —prestigiosa ingeniera de algo más de cuarenta años— me confió que siempre había deseado saber bailar pero nunca había tenido la valentía de hacerlo. Estaba convencida de que no podría aprender. Pero con el transcurso del tiempo, conforme enfrentaba sus temores a los posibles errores en cualquier terreno, más disminuían esos temores. Finalmente accedió a recibir clases de danzas en un instituto. Los alumnos resultaron simpáticos y divertidos. Al comienzo la paciente se sentía tensa y tímida, pero muy pronto sus compañeros la ayudaron a soltarse y participar. Hoy en día, bailar no es para ella una fuente de envidia y miedo sino de placer, aunque cometa errores a veces.

Cómo enfrentarse a los saboteadores internos

Ya sea que se esté escribiendo un trabajo, pintando la sala o guisando para los amigos, quien es un perfeccionista se verá acosado por supuestos inconscientes de estos tipos:
- "No podría soportar que mi trabajo no fuera tan bueno como el de X."
- "¡Esto va a ser magnífico!"
- "No toleraría a nadie que cometiera un solo error."

Quizá no se dé cuenta de que está diciéndose semejantes cosas y las frases le parezcan absolutamente ajenas. Pero desde un silencioso lugar interior, tales creencias, perdurables y recónditas, rigen el comportamiento de mucha gente.

Si es una de esas personas, lo que necesita saber ahora mismo es:
- Yo elijo albergar esos pensamientos.
- Esos pensamientos están frustrando las posibilidades de ser feliz.
- Se puede empezar a introducir cambios importantes inmediatamente aun con escasa o ninguna "comprensión" de la condición obsesiva.

Por ejemplo, supongamos que se está escribiendo un informe o un trabajo. Quizá se ha pensado siempre que un buen informe escrito incluye cualquier enfoque posible del tema, responde a todos los interrogantes posibles y refleja la investigación más exhaustiva humanamente posible.

Pues bien, eso es falso. Y es precisamente ese pensamiento el que evitará que se desarrollen las posibilidades creativas y productivas.

En casi todas las situaciones, el mejor informe es el que está lo mejor redactado posible *dentro de los límites del tiempo de que se dispone.*

Asunto concluido

Si terminar el trabajo a tiempo resulta invariablemente difícil o penoso, hay que reconocer que *ese* estilo (la perfección) no sirve. De modo que intente lo siguiente: cuando uno de esos pensamientos irracionales ("¡Tiene que estar impecable!") se insinúe en la mente, rechácelo. Dígase: "No, lo que tengo que hacer es *terminar*", y siga trabajando. Niéguese a juzgar si está produciendo o no una obra inmortal. Lo maravilloso de terminar a tiempo (o aun con cierta anticipación) es que se puede volver sobre lo mismo y revisarlo. Piense en términos de productividad.

Preste gran atención a la planificación: haga planes *realistas*. Los perfeccionistas tienden a organizar su tiempo como si su desempeño fuera el ideal, y además no tienen en cuenta los posibles inconvenientes. Dan por sentado, por ejemplo, que nada los interrumpirá, que la fatiga no disminuirá su eficiencia y que podrán trabajar a velocidad máxima. En vez de establecer ciegamente estos supuestos, establezca controles realistas para la realización de ciertas tareas, aunque no todos los capítulos hayan quedado perfectos. Si no se puede mantener el ritmo en una determinada fase, acepte el hecho y siga trabajando; trate de adelantarse en la fase siguiente. Acepte asimismo la evidencia de que el proyecto no será, *no podrá ser*, tan perfecto como lo hubiera sido si no existiera plazo alguno y no debiera cumplir otras responsabilidades. ¡Las limitaciones de tiempo condicionan la mayoría de las actividades!

Cada vez que se distraiga por detalles o se ponga a pensar

cómo será evaluado el trabajo, golpee el escritorio o dése una palmada en el muslo y diga: "¡Adelante!". Respire hondo, vuelva a concentrarse en el tema, y siga.

Imagínese que está nadando en un río, a favor de la corriente, hacia determinado objetivo. Y que debe llegar allí antes del anochecer. Cada vez que se desvía admirando el hermoso paisaje o imaginando que podría dejarse llevar, abandonar la corriente e internarse en un hermoso arroyuelo que nace a la izquierda, interrumpa sus divagaciones. Son imágenes seductoras e interesantes, pero le restan impulso y concentración. Vuelva entonces a la corriente principal y siga nadando hacia la meta.

Haga su trabajo lo mejor que pueda, teniendo en cuenta las limitaciones que imponen los plazos y las legítimas exigencias de la salud, la vida social, la familia y el indispensable tiempo libre. Recuerde que todos y cada uno de esos factores son fundamentales para el goce de la vida.

Suprimir el desorden

Haga más eficiente su vida, desde la expresión oral hasta el entorno físico. Si sabe que tiende a presentar demasiados detalles en sus exposiciones orales, empiece ahora mismo a corregirse. Si se va a poner en situación de dar demasiados detalles, prepare con anticipación un breve resumen de lo que quiere decir. Después practique, exponiendo el material y controlando el tiempo. Si se excede, corríjase severamente. Son sólo hábitos: suprímalos. Imagine que lo empujan fuera de la corriente del río de sus fantasías, golpee el escritorio con la palma de la mano y diga: "¡Adelante!". Respire hondo, relájese y vuelva a concentrarse.

Si lo que obstaculiza la vida es un exceso de posesiones materiales, haga un esfuerzo para ir reduciéndolas. Pregúntese cuáles son las posibilidades de que necesite alguna vez los objetos guardados. Para hacerlo, revise con ecuanimidad sus antecedentes y después responda a las siguientes preguntas: ¿con qué frecuencia ha usado lo que viene acumulando? Y en esos casos (si los hubo), ¿el uso que les dio justificaba la molestia de haber convivido con ese amontonamiento? ¿Sería tan terrible descartar algo que después se llega a necesitar? La economía que se hace guardando objetos en vez de reponerlos, ¿es verdaderamente decisiva?

Otra racionalización oculta para justificar el almacenamiento de objetos se expresa más o menos así: uno pretende hacer algo con esas cosas algún día (coser ese vestido, leer esas revistas, reparar aquel automóvil), de modo que las guarda para cuando disponga de tiempo.

Librarse de esos objetos equivaldría a admitir la derrota, a reconocer que *nunca* se hará todo lo que debería hacerse.

Una vez más, estudie sus antecedentes personales y pregúntese cuán probable es que disponga de más tiempo libre en un futuro previsible. Si la respuesta es que "no es probable", entonces, ¿para qué los objetos? ¿Para no enfrentarse con el hecho de que *no se puede hacer* todo lo que *habría que hacer*, para no reconocer que uno *no es perfecto*? ¿No sería mejor enfrentarse a esa realidad que seguir viviendo entre un montón de trastos inútiles?

Aspirar a la medianía

Si lo intimidan ciertas tareas porque cree que desafían sus pautas de perfección, quizá le sirva de ayuda imaginar lo que un estudiante, escritor, abogado o radiólogo corrientes harían en su caso. Oblíguese a aspirar sólo a ese nivel, en beneficio del cumplimiento del trabajo. Le sorprenderá no sólo la capacidad de trabajo que desarrollará, sino también su calidad; fijarse un objetivo más modesto no perjudica el nivel tanto como se teme. Ya no se es mediocre, y eso salta a la vista en cualquier desempeño. Y el trabajo, libre de detalles triviales, tendrá mayor fuerza y claridad.

Propóngase unos cuantos ejercicios menores de este tipo. Recoja, por ejemplo, su correspondencia, y asuma la tarea de escribir cartas. En vez de observar cómo se acumula en su escritorio una montaña de cartas pendientes de contestación mientras espera el momento y la inspiración adecuados para competir con lord Chesterfield, asígnese unos quince minutos para escribir una carta corriente. Obtendrá dos beneficios inmediatos: una carta menos para contestar, y la alegría del destinatario al saber que sigue usted ahí y que piensa en él (o en ella). Y otra cosa: si algún día revisa su correspondencia, se llevará una grata sorpresa al comprobar que su carta era fluida y correcta.

Con el mismo método, trate de ser una mediocre ama de casa, o pintor, cocinero o costurera. Y antes de decir que no quiere ser una medianía *en todo*, inténtelo dos o tres veces. Y me atrevo a vaticinar que las pérdidas serán muy inferiores a los beneficios. Y que esos beneficios se derramarán sobre todos los aspectos de su vida. Las tareas no requerirán tanto tiempo ni serán tan fatigosas. Tendrá más tiempo libre y dejará de sentirse culpable y presionado. Y también puedo asegurar que cuando sea verdaderamente importante hacer un buen trabajo, lo hará bien.

Desbloqueo con el estudio y el trabajo

Si el perfeccionismo está impidiéndole progresar en ciertas tareas que requieren concentración, además de esforzarse en cambiar de actitud ("Este trabajo ha de quedar impecable"), podría también tratar de modificarse la organización del tiempo.

Prepárese para realizar su exigente trabajo en períodos muy cortos y estructurados, y no en sesiones largas e imprecisas que darán la impresión errónea de que el tiempo es ilimitado y todavía permite dedicarse a los detalles.

Planifique una sesión de trabajo de dos horas. Si le parece que necesita algún descanso, planifique también las pausas: por ejemplo, dedique los últimos cinco minutos de cada media hora al descanso. No malgaste un solo minuto en prepararse. Si debe reunir materiales o afilar los lapiceros, hágalo con anticipación. Después, inicie el período de dos horas, exactamente a la hora señalada.

Trabaje en un lugar aislado y silencioso; no lo haga tendido o en posición relajada. Siéntese a una mesa, apoye los pies en el suelo y coloque un reloj a la vista. Algunos prefieren comer antes de trabajar; no se debe beber alcohol durante el trabajo.

Concentre toda su atención en la tarea que se tiene entre manos, avanzando a un ritmo regular, aun cuando no se resuelvan todos los detalles. Trabaje como si estuviera apasionadamente interesado en el asunto, y haga un esfuerzo para evitar preocupaciones e interrupciones. Si está leyendo para retener información, no subraye. Este procedimiento es una pérdida de tiempo y disminuye el incentivo para retener la información al momento. Si quiere subrayar o hacer recuadros, dedique un tiempo específico a esa tarea, y otro lapso al aprendizaje.

Si su atención divaga, póngase de pie pero no salga del lugar de trabajo y siéntese sólo cuando vuelva a concentrarse totalmente. No descuente esos minutos del cronograma fijado. Considérelos simplemente tiempo perdido. Y no se sorprenda si en las primeras sesiones abandona el asiento varias veces.

Deténgase exactamente a la hora estipulada, aun cuando quede trabajo pendiente. Después gratifíquese por haber observado la sesión de trabajo: escuche música, lea un libro ameno o entréguese a su actividad favorita. Si no ha terminado el trabajo, planifique otra sesión igualmente estructurada. Tal vez dos horas parezcan poco —o mucho— para lo que se tiene que hacer. Pero no tome esa decisión durante la sesión; dedique algunos días a considerarlo.

Cuando haya llegado a dominar y perfeccionar este método, descubrirá que aun cuando dedique *menos tiempo* al trabajo, su actividad será mucho más productiva que cuando se enfrentaba a sesiones tediosas e interminables. Muchos pacientes rinden más en un par de sesiones de trabajo de dos horas al día que en una jornada de ocho a nueve horas sin planificar. La calidad del trabajo es la misma y disponen de mucho más tiempo libre.

Criticar al criticón

¿Qué podemos decir acerca de la tendencia a molestarse abiertamente por los defectos y debilidades de los demás o por sus errores? Este hábito es sumamente perjudicial para las relaciones y el carácter, pero también es susceptible al cambio. Como sucede con cualquier hábito, la clave para vencerlo consiste en reforzar la conciencia de la existencia. Un hábito sobrevive porque es subrepticio, forma parte de las cosas que se hacen sin darse cuenta. No permita que el hábito de criticar siga siendo automático. Enfoque su crítica hacia él, ensáñese con ese defecto. Pero hay que hacer algo más: ¡cambiar!

Primero, *descúbrase, con la mayor frecuencia posible, criticando mentalmente* al cónyuge, a los hijos, a los empleados. Note cuán desagradable es ese sentimiento, advierta la decepción, el resentimiento, el disgusto que experimenta. Aun el momentáneo y justificado alimento del amor propio es vacío y penoso. Reconozca que su evaluación puede ser correcta: su hijo se muerde las uñas y expresa un leve ceceo. Después observe que la crítica ininterrumpida no le hace ningún bien a su hijo; por el contrario, el hábito de criticar lastima al otro y no contiene virtudes curativas, en comparación con su devastador efecto.

En vez de continuar molestándose, use la técnica de golpear el escritorio (o cualquier superficie que se halle a mano, como por ejemplo, el muslo). Si hacerlo le da vergüenza, válgase de otro movimiento, como por ejemplo parpadear una sola vez cerrando los ojos con fuerza. Después respire hondo, relájese e inmediatamente desplace su atención hacia un aspecto positivo de la persona criticada o hacia una ocasión acertada. Recuerde y reviva los buenos sentimientos hacia la persona y niéguese a estimular los pensamientos críticos.

Hay algo que contribuye a perpetuar este mal hábito: se equipara erróneamente la inteligencia con la capacidad de encontrar defectos, y por eso resulta difícil dejar de criticar. Además, mantener a los demás a la defensiva impide que perciban nuestros defectos. Pero paradójicamente, uno de los mayores defectos —la tendencia a criticarlo todo— es evidente para todo el mundo y aleja a la gente de uno.

Pregúntese constantemente qué beneficio le reporta su naturaleza hipercrítica en comparación con lo que le cuesta. Su esposa o sus hijos pueden ser imperfectos, pero eso no significa que alguien deba perturbarse por ello, ni tampoco que el disgusto vaya a cambiar nada. Está siendo usted innecesariamente desdichado. Si le parece que debe hacer una crítica y que es legítima y constructiva, bien. Exprésela. Pero no destruya sus relaciones por su preocupación de lo que está mal; con esfuerzo, después de un tiempo resulta fácil concentrar la atención en lo que está *bien*.

En el caso de Sarah, cuya implacable actitud crítica deshizo, una tras otra, sus relaciones amorosas, señalé reiteradamente en la terapia que aun cuando ella tuviera razón en todas y cada una de sus críticas, su actitud de sabelotodo también la perjudicaba. Su capacidad para detectar las imperfecciones le resultaba útil en el trabajo de edición de publicaciones, pero agriaba muchos otros aspectos de su vida.

Poco a poco Sarah llegó a ser capaz de sorprenderse en el acto de encontrar defectos. Teniendo presente el descubrimiento de que su actitud crítica la perjudicaba, se esforzó por reprimir ese impulso constante de denigrar a las personas que la rodean, y dirigir sus pensamientos hacia las buenas cualidades de cada uno. Tras proceder así algunos cientos de veces, se desarrollan nuevos hábitos. Así aconteció en el caso de Sarah, que llegó a percibir que podía valorar a alguien o algo aunque no fueran perfectos.

MAS QUE PERFECTO

Recuérdese: el credo del perfeccionista, que introduje al comienzo de este capítulo, se basa en postulados falsos. Una vida sin errores no es necesaria o posible, y tampoco deseable. No es necesario saberlo todo o desempeñarse según unas normas míticas para ser alguien valorado, amado y feliz.

¿Quién dice lo contrario? ¿Qué mente privilegiada nos

demuestra que no deben cometerse errores? ¿O que cometer errores demuestra que algo no anda bien? ¿Quien nos asegura que el valor como persona depende de lo inteligente y avisada que sea? ¿La familia? ¿La escuela? ¿La Iglesia? ¿Quién anula las maravillosas cualidades humanas —sinceridad, espontaneidad, vulnerabilidad, creatividad, franqueza— y nos convence de que no hay nada más valioso en el mundo? ¿Y quién es el que hace eso ahora mismo?

4
Decisión y compromiso

*Tal vez tú estés dándole a entender
simplemente que te gustaría salir otra
vez con él, pero en lo que a él concierne,
estás firmando un compromiso de por
vida que, por su parte, no está dispuesto
a asumir después de la primera cita... A
partir de ese día, si te encuentra por la
calle saldrá casi corriendo en dirección
opuesta, para evitar el riesgo de una
conversación en la que podría invitarte
a tomar un café que posiblemente acep-
tarías y poco después ambos disfruta-
ríais en mutua compañía, y de pronto
un sacerdote se acercaría a la mesa del
bar ¡PARA CASAROS!*

DAVE BARRY

La próxima vez que coma en un restaurante, eche un vistazo a las personas que eligen el menú en las mesas próximas. Muchos estarán disfrutando del placer de estudiar las opciones posibles, para pedir lo que más les apetezca. Otros, en cambio, no prestan mayor atención al menú; para ellos, ese acto trivial no requiere pensar demasiado. Pero para algunos obsesivos el episodio puede llegar a ser sorprendentemente difícil.

Alex, un hombre de treinta y siete años, representante de ventas, me explicó la desazón que significa para él encontrarse en esa situación tan habitual.

—Miro el menú y ya me pongo tenso —dijo—. No sé si quiero una tortilla, huevos con tocino o cualquier otra cosa. Podría comer un panqueque, o tostadas. Los panqueques son más pesados y probablemente tienen más calorías, pero es temprano, de modo que podría hacer una comida más fuerte y gastar las calorías el resto de la jornada...

—Supongamos que finalmente resuelve elegir entre tortilla y panqueques —le comenté—. ¿Qué piensa entonces?

—Si elijo una tortilla, tengo que decidir también de qué, ¿no? —dijo Alex, haciendo una mueca burlona ante sus propias palabras—. Es absurdo. Puedo pedir jamón y queso, pero siempre pido jamón y queso. Pienso que si elijo lo mismo, perderé la oportunidad de probar algo nuevo; pero por otra parte, un plato nuevo podría no gustarme. Entonces habría desperdiciado una elección, y me sentiría disgustado, perjudicado por mi ·propia elección. En una palabra, habría cometido un error.

Elegir el desayuno no era el mayor problema de Alex. Tuvo que buscar una terapia porque ya no soportaba la relación de cuatro años con Cicely. Aunque la amaba y quería tener hijos mientras fuera posible, Alex se sentía molesto por ciertos defectos en la personalidad de Cicely, que él consideraba menores pero que, según él, podían resultar graves una vez casados. A veces estaba al borde de la ruptura con Cicely, pero después pensaba en lo felices que habían sido durante aquellos cuatro años, y el miedo de perderla lo detenía. Deseaba desesperadamente "activar su vida", con Cicely o sin ella, e interiormente se despreciaba por su indecisión. Sin embargo, seguía paralizado.

Le pedí a Alex que prestara atención a cada ocasión en que su indecisión le causara problemas en el curso de una semana. Volvió con una lista que incluía desde elegir una camisa hasta comprar un apartamento.

—Hasta me obsesiona comprar un champú —comentó riendo . —Ya no fabrican la marca que usaba. Pasé diez minutos en una farmacia tratando de elegir otro champú. Cuando salí, pensaba: "Pero Alex, ¿por qué no compras un frasco de cada marca y después tiras los que no te gusten? Tú puedes permitírtelo". Pero no quiero tirar ni un solo frasco de champú. Lo que me obsesiona es tomar la decisión correcta en el momento, y no tener que arreglar después los errores.

Alex, como es evidente, alberga el credo del perfeccionista: *No puedo ni debo cometer errores.* Las decisiones y los compromisos son la némesis del perfeccionista porque conllevan el riesgo de equivocarse. Para los perfeccionistas, equivocarse no es algo desdeñable sino una amenaza a la esencia misma de su imagen, que depende en parte de la observancia del credo.

Eso no quiere decir que todos los obsesivos —aun los muy perfeccionistas— reaccionen de la misma manera para tomar *cualquier* decisión. El comportamiento humano no puede reducirse a fórmulas. De hecho, una persona puede encontrar difícil una decisión un miércoles y el viernes la toma fácilmente.

Algunos individuos tienen problemas sólo con *cierto tipo* de decisiones. Alex, por ejemplo, explica que rara vez tiene dificultades para tomar decisiones relacionadas con el trabajo. Doug, subdirector de un colegio de enseñanza secundaria, tomó fácilmente la decisión de casarse y estableció una relación excelente con su esposa. Pero lo pasó terriblemente mal para decidirse a tener hijos.

—La vida está carísima —decía—. Tengo miedo de no poder mantener a una familia. Ya no soy tan joven [poco menos de cuarenta años] y me pregunto si tendré la suficiente energía emocional y física para ser un buen padre. Por otra parte, siempre me han gustado los niños y me llevo muy bien con ellos. A veces me entusiasma la idea de tener hijos, pero después pienso en todas las cosas a las que tendría que renunciar, no sólo en cuestiones materiales sino también de tiempo. Sin embargo, muchos amigos me aseguran que la felicidad que dan los hijos compensa con creces esos sacrificios.

—Moira [su esposa] —continuaba explicando Doug— parece cada vez más resuelta a tener hijos, y yo me siento presionado. Me doy cuenta de que si esperamos demasiado ya no podremos formar una familia, y eso sería terrible. Pero también sería un error tener hijos y arrepentirse después.

Gina contó que había tenido grandes dificultades para decidir dónde debía pasar las vacaciones la familia.

—Pienso que esta vez tengo que planificarlo lo mejor posible.

Cada vez que esbozamos una posibilidad, surgen todos los "peros" imaginables. Por ejemplo: yo quería recorrer la costa en automóvil en el transcurso de las vacaciones, pero no podía decidir cuándo había que salir; pensé que el día posterior a la Navidad sería demasiado apresurado. Después ocupé semanas recopilando guías de ruta y consultando precios y comodidad de hoteles. Cuando decidí el lugar no llegué a tiempo para la reserva y temí que si salíamos sin reserva estropearíamos las vacaciones. No es la primera vez que sucede: nunca puedo tomar una decisión a tiempo y termino no haciendo *nada*, lo que es peor que cualquier problema que hubiera podido tener.

ELUDIR LAS DECISIONES

Tal charlatanería es típica del comportamiento de muchos obsesivos cuando se enfrentan con la necesidad de tomar una decisión. Ven los pros y los contras de la situación, con la secreta esperanza de que los hechos inclinen la balanza hacia un lado y los liberen de la responsabilidad de decidir. Pesan y piensan, piensan y sopesan.

Cuando se inclinan por una opción, advierten un inconveniente que habían pasado por alto. Después se presenta otra opción que los empuja hacia *esa* dirección. Pero entonces descubren una nueva desventaja del plan y vuelven al esquema original.

Después de sufrir bastante, suelen recurrir a un método "objetivo", como confeccionar exhaustivas listas de pros y de contras. Si se produce el empate, vuelven a evaluar todos los ítems en orden de importancia, y desarrollan complejas fórmulas en su afán de no asumir una responsabilidad personal por el resultado. Pero las evidencias nunca son tajantes, y el tormento continúa.

Vivir en la fantasía

Posponer una decisión hasta reunir hechos suficientes para garantizar una elección "correcta" es otro recurso de los obsesivos para evitar la acción y su consiguiente riesgo de error. Me acuerdo de Annette, una joven vendedora y periodista. Cuando sintió la necesidad de comprar un automóvil nuevo, dedicó varios meses a recopilar folletos, sopesar posibles alternativas, leer revistas especializadas, pedir consejo a los amigos y comparar precios. Ella sostenía que toda esa actividad era simplemente una preparación razonable para tomar una decisión inteligente, y en realidad algo de verdad hay en ello. Pero Annette no se daba cuenta de lo evidente: que su principal objetivo era evitar el error, aun al precio de no tomar ninguna decisión.

Finalmente redujo las opciones a unos pocos ítems: condiciones de financiación, color y modelo. Sin embargo, no podía elegir. Cada posibilidad generaba nuevas dudas. Un distribuidor tenía el local cerca de su casa, pero no podía ofrecerle el color azul. Otro tenía precisamente el automóvil azul, pero era muy caro. Para cualquier observador desinteresado hubiera sido evidente que ambas opciones resultaban atractivas, pero Annette se resistía obstinadamente.

Por el contrario, sólo se sentía cómoda mientras la acción fuese introductoria. En la empresa de comprar un automóvil, como en muchas otras áreas de la vida, *la actuación* asusta a Annette porque la acción siempre conlleva el peligro de cometer errores. Cada vez que se prepara para hacer un movimiento, empieza a dudar y se concede más tiempo. Se niega a ver empecinadamente que su indecisión es en realidad una decisión inconsciente de *no* elegir. Su intención secreta es evitar el riesgo de equivocarse y violar el credo.

Este objetivo difiere marcadamente del que persiguen las personas que toman decisiones de un modo más sano y menos penoso. Esta gente acepta la idea de que sus decisiones estarán fuertemente condicionadas por sus preferencias, antipatías, corazonadas. Es posible que reúnan algunos datos concretos para contrarrestar un punto de partida algo subjetivo, pero su propósito a lo largo de todo el proceso es actuar, lo más rápida y sensatamente posible, y reconocen de modo implícito que no hay manera de hacerlo sin cierto margen de error. Además, confían en que *no cometerán* grandes torpezas. Saben que pueden equivocarse, arrepentirse, pero aceptan esos riesgos como parte de la vida. De modo que toman una decisión y siguen adelante. Están más comprometidos con la *vida* que con su autoevaluación.

Para los obsesivos como Annette, por el contrario, el enemigo principal es la acción. El statu quo es un amigo protector. Conscientemente, las personas de este tipo creen sinceramente que quieren actuar. De hecho, con frecuencia se lamentan con frases como: "Aborrezco esta indecisión". Pero otra parte de ellas mismas desea vivir principalmente en su fantasía. Esa parte quiere posponer para siempre la verificación del credo del perfeccionista decidiendo y actuando.

Desde luego, la vida exige movimiento. En el caso de Annette en busca de su automóvil, las circunstancias externas finalmente la obligaron a decidirse: su coche viejo la obligaba a pagar sumas exorbitantes al mecánico. Para entonces, los vendedores ya no tenía el modelo y el color que quería, de modo que acabó comprando un automóvil completamente diferente del de sus sueños.

Subterfugios de evasión

Aunque parezca extraño, todo esto pareció no mortificar demasiado a Annette. En realidad, tenía una excelente excusa que utilizaría en caso de que el automóvil no resultara una buena compra; siempre podría decirse: "Tuve que comprar lo que había; es como si no lo hubiera *elegido*".

Este es uno de los muchos subterfugios de evasión que permiten a los obsesivos tomar decisiones sin desafiar el credo del perfeccionista. A veces tratan de hacer ver que no están decidiendo *realmente*, sino cediendo ante el peso de la evidencia. Cuando Alex, en el restaurante, padece porque no puede decidir si comerá pasta o pescado, desea vehementemente que el mozo haga algún comentario, que diga, por ejemplo, que a los clientes les gusta mucho uno de los platos pero que critican otro. Que el mozo diga o no la verdad, no importa. Siempre que un hecho exterior incline la balanza, la decisión ya no le cabe a Alex, y el credo queda intacto.

Otra manera de tomar una decisión haciendo como que no se la toma es plantear dudas, reservas y calificativos antes de decidir. Una persona dice: "Llevaré este abrigo porque no hay que hacerle arreglos y lo necesito para esta noche. Tal vez no sea la mejor elección, pero dadas las circunstancias...". Si la elección resulta fallida, hay que recordar que sólo fue una decisión a medias. Y dado que la persona no se esfuerza demasiado, sigue siendo potencialmente infalible.

EVITAR EL COMPROMISO

El credo del perfeccionista puede causar problemas también en otros campos. Como en el caso de Alex, puede hacer estragos en la capacidad de una persona para asumir compromisos.

El compromiso es la fase final de la toma de decisiones. Es la acción de adherir a algo o a alguien y dejar de lado otras opciones. Una vez que una decisión es considerada irreversible o inmutable, se convierte en compromiso. Puede suceder que se *decida* comprar unos zapatos marrones en vez de otros negros. Pero no se ha adquirido un *compromiso* hasta que se llega a la caja para pagar, e incluso entonces no es irreversible. Cuando se pagan los zapatos, el compromiso se hace más fuerte, pero cuando se llevan a casa y se calzan se completa. Entonces sí, las demás opciones quedan vedadas y no se puede retroceder: se está totalmente comprometido. Es fácil comprender entonces por qué muchos obsesivos temen el compromiso. Si alguien tiene miedo de tomar una decisión equivocada, se sentirá doblemente amenazado si la decisión es irrevocable.

Provisionalidad

Así como muchos obsesivos recurren a diversos ardides para disminuir la amenaza de la toma de decisiones, otros tratan de eludir el compromiso por medio de la *provisionalidad*. Se inclinan hacia la acción, pero mantienen un pie en el camino que decidieron no seguir. Si se ven obligados a sacar el pie, se encuentran sin opciones y se ponen nerviosos.

Conozco gente que ha realizado compras importantes, como muebles, y durante meses se resisten obstinadamente a quitarles la cubierta plástica porque piensan en la posibilidad de devolverlos o cambiarlos por otra cosa. Contrarrestan el miedo al compromiso postergando el cierre de la operación.

Otro buen ejemplo de provisionalidad es la forma como se expresan muchos obsesivos. Al dar opiniones personales, tratan de dejar abiertas otras opciones, condicionando prácticamente todo lo que dicen. Su discurso está cargado de frases como "Me imagino", "Creo que...", "No estoy seguro, pero me parece que sí".

Cuando se les pide un consejo se obtiene una enumeración de consideraciones diversas, y no una opinión directa. "Sí, podría gustarte la obra si te interesa el teatro contemporáneo", dice. "Es una obra polémica y tal vez te parezca un poco amarga. Otra posibilidad es tal otra; la puesta en escena es maravillosa. Eso sí, las entradas son las más caras de la temporada, pero también podrías ver tal otra."

Si se ve obligado a tomar una postura o a hacer una predicción, este individuo lo hará sólo con reservas. Dirá, por ejemplo: "Los Chargers, el equipo de béisbol, podrían ganar el partido de mañana, pero como juegan en Denver y uno de ellos tiene una rodilla lesionada, no me sorprendería que perdieran". Señala, en el transcurso de una charla entre amigos, que alberga sentimientos contradictorios respecto de tal candidato político, y una opinión dividida sobre el restaurante de moda, y que eso se debe a ver los dos lados de la cuestión. Se deja espacio para cambiar, evitando así equivocarse lisa y llanamente, lo que entraría en franca contradicción con la necesidad de ser perfecto. Los condicionamientos ayudan a dejar abierta una puerta de salida.

No me parece necesario insistir sobre el efecto de esta provisionalidad. Amigos y compañeros se sienten frustrados porque no saben lo que realmente siente o piensa la persona en cuestión. Si se acostumbra a actuar así, hay que recordar que esa vaguedad hace difícil que los demás lo lleguen a conocer y estimar. Además, si se elude permanentemente la exposición clara de las ideas, se perjudican también otros aspectos: se ignora el placer de la expresión franca y directa, y se pierde la oportunidad de confrontar las ideas. Y ni siquiera se sabe cuáles son esas ideas.

EL MIEDO A LOS COMPROMISOS AMOROSOS

El amor es el terreno donde más sufren los obsesivos que temen comprometerse. No se trata de que no puedan enamorarse. Por el contrario, conozco obsesivos que son adictos a la excitación —con alta concentración de adrenalina— del amor en sus primeras fases, y que se enamoran una y otra vez. Hasta suelen ser capaces de vivir cómodamente una relación amorosa durante un período largo de tiempo. Pero cada vez que perciben un ultimátum que, de alguna manera, los *compromete* en una relación exclusiva y a largo plazo, la ansiedad los acosa. Sufren. Si huyen —piensan— habrán recuperado su libertad, pero habrán perdido una preciosa fuente de intimidad y alegría. Y lo que es más importante, quizás hayan cometido un error irreversible que los obsesionará para siempre. Tal vez no vuelvan a enamorarse jamás. Pero en todo caso, la próxima persona que amen jamás estará a la altura del amor perdido.

Por otra parte, la idea de casarse se asemeja para esta gente a la de entrar en un túnel que conduce directamente del momento del compromiso a la tumba. "Siento que moriría una parte de mí", se quejó Marty, un ingeniero de treinta y nueve años, al describir cómo se sentía ante la idea de acceder al deseo de su novia, Janet, de casarse y tener hijos. "Para no perder a Janet, tengo que perder mi libertad; tengo que renunciar a

93

mujeres. Y eso me asusta. El resultado es que siento que voy a perder muchas cosas, y no quiero perder nada, porque tengo miedo de que eso sea después un error lamentable. Los momentos más felices de mi vida provienen de las etapas iniciales de una relación: acercarme a una mujer y enamorarme de ella".

Marty nunca había tenido problemas para eso. Había salido con muchas mujeres bellas y atractivas. Pero siempre terminaba por aburrirse y sentirse oprimido, sobre todo cuando ella empezaba a presionar para formalizar un compromiso. "Todas mis relaciones han terminado del mismo modo —me dijo—: con sufrimiento".

A medida que pasaban los años, Marty sentía que se desvanecían sus esperanzas de encontrar a la mujer perfecta, casarse y tener hijos. Después empezó a salir con Janet, una simpática mujer de mucho talento vendedora de bienes raíces. Si bien Marty no podía encontrar en ella *defectos* graves, cada vez que pensaba en asumir un compromiso más serio caía en un pozo de angustia e indecisión. "Si tomo esa decisión quedaré atrapado para siempre. Tengo miedo de comprometerme y darme cuenta al día siguiente de que fue un error. Pero al mismo tiempo aborrezco mi indecisión. No debería ser así."

Janet expresó su frustración informándole a Marty que iría sola de vacaciones. Se sintió deshecho y aterrorizado con la idea de que ella pudiera conocer a otro hombre y lo dejara a él. Finalmente, Marty propuso matrimonio y Janet aceptó. Pero casi inmediatamente volvieron a empezar los problemas, porque él se negó a comprar los anillos y además no se decidía a comunicar el compromiso a la familia y los amigos.

Janet puso fin a la situación dando por terminado el noviazgo y se negó firmemente a verlo, pese a que él suplicaba otra oportunidad. Después de seis semanas de profunda depresión, Marty se resignó a perder a Janet y empezó a salir con otra mujer. Pero en algún lugar de su conciencia seguía pensando que aún tenía posibilidades de recuperarla. Un año después de la ruptura, recibió una invitación para la boda de su ex novia. Marty volvió a caer en la depresión.

Este ciclo de ultimátum-ruptura-reconciliación es común

entre los obsesivos que temen el compromiso. Cuando sienten que se va a producir el ultimátum, suelen perder interés por la relación, gradualmente o de un modo sorprendentemente súbito. El terror al compromiso puede desencadenar otros síntomas como ansiedad, palpitaciones, insomnio y diversos trastornos gastrointestinales. Entonces, el obsesivo se aparta de la relación, emocional o físicamente, o bien empieza a comportarse de una manera que lo aleja del otro: logra, pues, huir sin sentirse culpable. Pero muchas veces, cuando el otro, que desea el compromiso, se aleja, el obsesivo —aterrorizado ahora por el pensamiento de que la ruptura puede ser un terrible error— intenta que vuelva. La relación entra una vez más en estado de equilibrio, pero inexorablemente vuelve a producirse el ultimátum, y el ciclo se repite.

¿Quién teme los compromisos amorosos?

Si bien la mayoría de los pacientes con miedo al compromiso amoroso son hombres, como Marty, conozco también mujeres con esta fobia. A veces ambas partes tienen el mismo miedo a comprometerse.

En el caso de Denise, el miedo permaneció subyacente durante algunos años. Esta hermosa y temperamental mujer —fisioterapeuta de profesión— acudió a consultarme a causa de la depresión que la agobiaba por su dificultad de entablar una relación amorosa duradera. Había salido con varios hombres, y todos había tratado de poner límites a la relación. Y en todos los casos Denise intentó ampliar esos límites y sólo consiguió que su pareja del momento se alejara.

En el transcurso de nuestras entrevistas, enumeró las que consideraba probables causas del problema: no conocía a los hombres; estaba "haciendo algo" que impedía a sus amantes entablar con ella una relación firme y duradera; era sencillamente imposible encontrar un hombre bueno. Después de cada ruptura se sentía destrozada y pensaba si tendría algún defecto grave que se ponía en evidencia cada vez que se enamoraba de un hombre. Se pasaba el día entero llorando, convencida de que su destino era estar sola para siempre. Además, su desesperación aumentaba cuando recordaba que los hombres de la familia la desdeñaban en su infancia y no la consideraban bonita ni simpática.

Las cualidades naturales y el encanto de Denise indicaban a las claras que su problema se debía a algo más que a la mala suerte. Entonces conoció a Kenny, un hombre atractivo, de su misma edad, que se desenvolvió con ella sin barrera alguna. Por el contrario, empezó a convencerla para que pasaran juntos una noche de la semana, además del fin de semana como habían acordado. Para su sorpresa, Denise reaccionó con una mezcla de ansiedad y resistencia. Aunque estaba realmente enamorada de Kenny, puso excusas para *no* pasar más tiempo con él. "Todas las noches salgo a correr y no quiero interrumpir mi hábito", decía. "Además, le quitaría tiempo a la guitarra. ¿Y si Kenny me pide un día que me deshaga de los gatos?" Le señalé que quizá su reacción indicara que era ella la que tenía miedo de comprometerse con un hombre, y que ese miedo había contribuido a sus fracasos anteriores. Después de alguna introspección, ella coincidió conmigo y finalmente empezó a cambiar de actitud.

Matrimonio sin compromiso

Algunos individuos son capaces de afrontar todas las actuaciones vinculadas al hecho de asumir un compromiso: comparten la vivienda con su pareja, y a veces hasta se casan. Pero años después, su comportamiento suele seguir reflejando un desesperado deseo de mantener abiertas algunas otras opciones.

Bart, un arquitecto, declaró en nuestra primera entrevista: "Dicho brevemente, mi problema son las mujeres". Estaba casado con una mujer llamada Bea desde hacía cinco años y gradualmente había perdido el interés por ella, física y emocionalmente. Cuando acudió a verme, estaba lleno de fantasías sexuales por otras mujeres y ya había tenido tres aventuras extraconyugales breves.

Bart había llegado a decirle a Bea que quería tener la libertad de salir con otras mujeres, y ella se había enfadado. Sin embargo, cuando Bea empezó a expresar sus dudas sobre el futuro del matrimonio, *Bart* se sintió sorprendentemente ansioso. Me dijo entonces: "Es una las cosas peores que podrían sucederme. Considero el divorcio la expresión máxima del fracaso".

Poco después Bart declaró que ya no podía tolerar la tensión que le provocaba mantener su matrimonio e involucrarse al mismo tiempo con otras mujeres. Decidió concentrarse en su vida conyugal y le sugerí que hiciera un mínimo intento de compromiso formal (negarse a rumiar sus dudas y a soñar con otras mujeres) y un esfuerzo por disfrutar de tantos aspectos positivos de su matrimonio. Bart accedió, pero en la siguiente sesión, informó: "La semana pasada me fui de aquí presa de pánico por todo este asunto del compromiso. Lo que usted dijo era sensato, pero comprometerse así, aunque sólo fuera durante algunas semanas, es imposible".

Entonces se dio cuenta de que cuando estaba con Bea se dedicaba a hablar de sus problemas y a criticar los supuestos defectos de su esposa.

"Tal como estoy ahora simulo ser feliz, pero en realidad siento ansiedad y rabia, aunque no lo exprese. Bea me pregunta: '¿Por qué no te permites ser feliz?'. Pero eso está vinculado al compromiso. Cuando estamos juntos y me encuentro bien, es como si aceptara la idea de que estaré casado siempre con Bea, y eso me deprime".

Provisto de esta nueva conciencia, empezó a trabajar en ajustes de su comportamiento pequeños pero específicos. Un domingo por la tarde, por ejemplo, se concentró en relajarse y disfrutar de algunas horas con Bea, cerrando su mente a las dudas. Se sorprendió agradablemente al comprobar que sus sentimientos positivos con ella persistieron durante toda la semana, mucho más tiempo que durante toda su vida juntos.

Con el tiempo, la decisión de Bart de no romper su matrimonio se hizo más fuerte. A medida que acumulaba experiencias positivas con Bea y se permitía "registrarlas", fue sintiéndose capaz de renunciar a su necesidad de mantener abierta la posibilidad de otras relaciones. Sintió tristeza; al igual que mucha gente, experimentó una genuina aflicción al ver que sus fantasías se desvanecían. Pero siguió trabajando en su matrimonio, aun después de terminar su terapia, y varios años después parecía sentirse en paz con su vida.

SUPERAR LA INDECISION Y EL MIEDO AL COMPROMISO

Si una persona no puede tomar decisiones o evita los compromisos porque quiere "mantener sus opciones", haría mejor en disfrutarlas. Esas opciones cuestan caro. Veamos:

- Se sufre cada vez que no se puede decidir algo o asumir un compromiso. Es muy doloroso sentirse desgarrado de ese modo.
- Cientos y hasta miles de horas de la vida se malgastan tratando de decidirse o rumiando las decisiones tomadas. Imaginemos cuánta energía cuesta ese esfuerzo. ¿Y todo para qué? ¿Acaso tanta cháchara y tantas evasivas sirven para tomar mejores decisiones?
- La indecisión y el miedo al compromiso descartan numerosas oportunidades, desde beneficios económicos hasta relaciones amorosas. Hay mucha verdad en un antiguo proverbio que reza: "No decidirse *es* decidirse, y casi siempre por lo peor".
- La actitud de provisionalidad impide dar lo mejor de sí. Para concretar en plenitud las posibilidades —para estimular la creatividad, el talento y la oportunidad de experiencias vitales— es preciso dejar de lado cualquier duda. Es la única manera de disponerse al compromiso.

Si cuesta tomar decisiones, es posible que la vida se rija por la moda; así se entra y se sale de muchos empleos, se entablan relaciones, se hacen proyectos, se compran objetos. Pero rara vez se actúa directa y claramente, con la fuerza de una convicción sin fisuras, de modo que los actos no parecen ser verdaderamente propios. ¿Cómo podrían serlo, si siempre se los ha experimentado en sordina, ahogados por una zona de dudas, provisionalidad, condicionamientos y vacilaciones?

Al negarse a reconocer y a aceptar sus decisiones, uno se priva de la influencia plena de toda su historia personal —sus ideas, preferencias, actuaciones, motivaciones, objetivos— porque no las vive plenamente. Debido a su necesidad de no equivocarse, se experimentan todas las cosas provisionalmente y a través del conflicto, de modo que no se registran clara y profundamente sino vaga y borrosamente. Por lo tanto, estas experiencias no pueden contribuir a que se sepa quién es quién; es decir, no ayudan a construir la identidad personal. No se desarrolla un sentido de sí mismo fuerte y claro, en parte porque requeriría que reconociéramos que, para bien o para mal, somos nosotros quienes dirigimos nuestro destino.

Si se tienen problemas para comprometerse y tomar decisiones, hay que tratar de introducir cambios que influirán profundamente. Los problemas de compromiso y decisión interfieren y ambos proceden de similares ideas irracionales. En el meollo mismo está el credo del perfeccionista, que opera fuera de la conciencia. Sin embargo, como vimos en el capítulo 3, es posible trabajar eficazmente para contrarrestar los subproductos conscientes de las ideas perfeccionistas, tales como el miedo de elegir mal.

Liberarse del miedo

En decisiones importantes, como casarse o no, las consecuencias reales del error son serias, de modo que se argumenta que existe el derecho a ser cauteloso. Hay derecho, no hay duda, pero se trata de no confundir la cautela racional con una resistencia irracional a decidir.

Aun en cuestiones serias, las consecuencias de una decisión errada no son necesariamente irreparables o irrevocables. Muchas veces es posible corregir el error y ser feliz desde aquel momento. Por el contrario, recuérdense las pésimas consecuencias de la indecisión.

Es probable que surjan problemas con las decisiones menores, y en ese campo la irracionalidad debe ser más obvia. Después de todo, ¿cómo puede ser *intolerable* equivocarse al comprar una camisa, elegir un menú o salir de vacaciones? Puede ser molesto o, en casos extremos, desagradable. ¿Pero intolerable? Si *parece* intolerable es porque, irracionalmente, se ha decidido que lo es.

El caso es no sufrir

No estoy diciendo que no se deba sentir dolor al equivocarse. Es natural sentirse decepcionado. Pero si se es un obsesivo, probablemente se sufrirá más de lo razonable, y gran parte de ese dolor será autoinfligido. Proviene principalmente de lo que se dice uno acerca de sus decisiones: los remordimientos, las revisiones, la autodevaluación. En comparación, el perjuicio que puede causar una decisión equivocada parece mínimo.

En muchas decisiones, los pros y los contras de los contrarios predicen el éxito para ambas posibilidades. Es decir, *por lo general cualquiera de las dos opciones será buena si se le permite serlo.* Pero aun la mejor decisión puede resultar equivocada si se permite que la otra posibilidad nos mortifique.

Si se examina un poco, una situación así será placentera el noventa por ciento de las veces. Y ello porque *lo que hace que una decisión sea determinada correcta o equivocada depende principalmente de lo que se piensa después de haberla tomado.* Si se duda ante cada decisión y se recobran las opciones dejadas de lado, la mente establecerá inconscientemente una vinculación entre el acto de decidir y el dolor. Es como ser castigado cada vez que se toma una decisión, independientemente de que sea la correcta o equivocada. Después de un determinado tiempo, no hay lugar a elecciones buenas; todas hieren, y ello perpetúa la resistencia a decidir.

Las personas menos perfeccionistas toman decisiones sin reflexionar tanto, y una vez que lo han hecho tratan de sacar el mejor partido de su actuación. Como son capaces de disfrutar de los aspectos positivos del camino elegido, sus mentes asocian el acto de decidir con el placer y no con el dolor. Esta asociación fortalece la disposición a hacer elecciones en vez de impulsar a eludirlas.

LA TOMA DE DECISIONES: UN ENFOQUE RAZONABLE

Para superar la dificultad con la toma de decisiones y la capacidad de asumir compromisos, empecemos por observar el problema *mientras se produce*, y llamémoslo así: "Me enfrento a un problema crónico". No permita que las cosas transcurran automáticamente.

Préstese atención al sentimiento de ansiedad que surge cuando alguien nos pide una respuesta directa e inequívoca o que nos comprometamos con determinada opción. Advirtamos nuestra aprensión cuando llega el momento e indaguemos la causa de la ansiedad. Busquemos los miedos específicos.

He aquí algunos ejemplos comunes:

- Sería terrible pasar por alto un fallo en el automóvil y descubrirlo después de haberlo comprado.
- Si espero lo suficiente, acumularé información y podré tomar la decisión "correcta".
- No podría soportar que alguien se diera cuenta de que me he equivocado.
- Si acuerdo esa cita, tal vez no tenga ganas de ir cuando llegue el momento, y entonces me arrepentiré de haberla hecho. Las personas dignas de confianza no anulan sus citas ni cambian de idea de improviso, de modo que una vez citado estaré atrapado.
- Si compro esto, tendré que cargar siempre con ello.
- Se hundiría mi vida si me comprometiera —o peor aún, me casara— y después me arrepintiera.
- Sería terrible concertar una cita y que después se presentara algo mejor a la misma hora.
- No puedo decidir nada porque no estoy seguro de seguir pensando igual después, y si cambiara de opinión me tomarían por tonto.

Una vez identificados los pensamientos que nos acosan, examinémoslos uno a uno. Casi todos son afirmaciones inexactas, exageraciones o postulados arbitrarios que necesitan una revisión con urgencia. Y esos pensamientos perjudican a cualquiera terriblemente. Quizá se hayan albergado durante mucho tiempo, pero eso no significa que sean válidos ni que se deba seguir apegado a ellos. Hay que empezar inmediatamente; esas ideas perjudiciales pueden combatirse y reemplazarse por razonamientos sensatos.

¿Hasta qué punto es cierto, por ejemplo, que se tendrá que cargar con esa camisa, o hasta con ese automóvil, *para siempre*? Y aun cuando hubiera que conservarlos durante algún tiempo, ¿sería eso *terrible*? Lo más probable es que lo único que hace que esa posibilidad sea terrible y no molesta o desagradable es que *se le puso esta etiqueta* y después se la sostuvo obstinadamente.

¿Es insoportable perder una manera mejor de pasar la velada porque se cerraron las opciones demasiado pronto?

¿Es alguien realmente una mala persona si cambia de idea cuando las circunstancias cambian o cuando surgen contingencias imprevistas? ¿Se está seguro de que la otra persona se enfadará? Y si así fuera, ¿no se podría soportar?

¿Todos los compromisos son verdaderamente irreversibles?

Concentrémonos en observar cuán extremo es este pensamiento. Nunca se diga: "Si sucediera esto o aquello, no podría soportarlo". O al menos, no se diga si no se cree que es absolutamente cierto. (Aseguraría que nueve de cada diez veces no lo es.) Señalo esto porque es crucial para la felicidad que se aprenda a distinguir entre un disgusto pasajero y algo intolerable. Tómese el tiempo necesario para reflexionar sobre esto ahora y cada vez que haya una oportunidad de hacerlo. No se permita que ciertos hábitos del pensar, anclados, irracionales, arbitrarios, sigan dictando lo que se debe sentir. *Piense como una persona que desea ser feliz, que está dispuesta a hacer lo posible para mejorar su vida.*

Lanzarse a la acción

Después de detectar y desmenuzar los conceptos equivocados que impiden tomar una decisión, hay que disponerse a actuar. Cuando se deba tomar una decisión, concedámonos un período de tiempo razonable para considerar los hechos disponibles (como también las preferencias y rechazos), y después regístrese hacia dónde se siente uno inclinado. Hay que reconocer que, al igual que todas las decisiones, ésta también tiene sus desventajas y no está libre del riesgo de error; ninguna decisión lo está. Puede resultar errónea. Y sólo por esta vez, combatamos el falso concepto de que siempre hay una opción correcta y de que es posible conocerla de antemano. Aceptemos que se *puede* vivir siendo algo menos perfectos. No se quede nadie estancado en ese paralizante ciclo de dudas y reservas. Posiblemente ya se lo conoce y nos repugna.

Una vez tomada la decisión, hay que negarse a cuestionarla. Decirse que en otras ocasiones se podrá dudar de la elección si es necesario, pero que *en este único caso* no se permitirá preguntarse sobre ninguna otra vía posible. Neguémonos también a juzgarnos. Sabemos que una decisión, buena o mala, no indica absolutamente nada acerca de la competencia o de los méritos personales. Concentrémonos en disfrutar de lo que hemos elegido, en vez de lamentar lo que hemos dejado.

Si logramos esto, seremos capaces de utilizar la memoria de la experiencia para repetir el éxito (éxito en el sentido de la negativa a infligirse un dolor innecesario). Recordemos la sensación de realización y éxito que se sintió, el impulso agradable, y usemos estos sentimientos positivos para tomar otras decisiones.

A veces alguien se sorprenderá cuestionando otra vez sus decisiones, especialmente si se está cansado o de mal humor. (Los viejos hábitos tienden a reaparecer.) Vigilemos y pensemos que esa actitud caduca, si bien es automática, es algo que se elige, e inmediatamente obtendremos la conclusión de que se puede elegir algo diferente.

Dígase a sí mismo que se niega a seguir infligiéndose semejante sufrimiento. Después respire hondo, libérese de los pensamientos conflictivos y siga haciendo lo que hace.

No estoy sugiriendo que no se dude nunca, se cambie de idea o se modifique el curso de una acción. Si es evidente que se sigue un camino equivocado y hay otro claramente mejor, hay que cambiar de rumbo. Entonces se hace todo lo que está en las manos para que *esa* decisión funcione. Disfrutemos de los aspectos positivos de la nueva dirección y resistamos a rumiar dudas acerca de ella.

ASUMIR COMPROMISOS AMOROSOS

Este mismo procedimiento puede ayudar a reducir el dolor y la ansiedad que acometen cuando se debe asumir compromisos amorosos. La próxima vez que uno se sienta apremiado por un ultimátum, ya sea para comprometerse o para poner fin a una relación importante, clarifique los pensamientos que le están causando ansiedad. Probablemente encontrará dos grupos de preocupaciones que libran una batalla en su interior.

Si no me comprometo:
- Me sentiré culpable por defraudar las esperanzas de X después de tanto tiempo.
- ¿Y si después me doy cuenta de que quiero volver con X?
- Quizá no encuentre nunca más a alguien que me quiera tanto.
- Su alejamiento me producirá una tristeza intolerable.

Pero si me comprometo:
- Puedo arrepentirme de haberme unido a X para encontrarme atrapado en una mala relación.
- Estaré aceptando la intolerable certeza de que jamás volveré a enamorarme.
- Quizás aparezca alguien con quien podría tener una relación mejor, y yo ya estaría comprometido.
- Renunciaría a mi libertad, y *sólo pensar* en eso es horrible, casi como morir.

Ahora consideremos estas ideas más razonables:

- Si bien es triste y penoso poner fin a una relación amorosa, cualquiera se recupera de esa pérdida (y también la pareja). El sufrimiento no sería ni intolerable ni eterno, aunque podría parecerlo durante algún tiempo. Y seguramente se entablaría otra relación.
- Por otra parte, si se asumiera ese compromiso, no sería irreversible. Ninguna relación lo es. Aunque no se iniciara una relación con la idea de ponerle fin si resulta difícil, es evidente que si las cosas no van bien aun después de haber hecho todos los esfuerzos posibles, cualquiera tiene derecho a interrumpirla. Sería difícil, pero podría hacerse si fuera necesario.
- Si usted está a punto de comprometerse, ¿por qué se piensa que esa decisión no sería acertada? X puede tener algunos defectos, como los tenemos todos, y es cierto que algún día podría aparecer otra persona, pero no hay que utilizar esos argumentos para disfrazar el exagerado miedo al compromiso. Si el principal obstáculo es el terror de clausurar opciones, el mismo problema se presentará en las futuras relaciones, sean como fueren.
- Por último, es cierto que abandonar la fantasía de tener siempre un nuevo amor es una pérdida dolorosa, pero no es insoportable, a menos que se decida así. Si uno insiste en decirse que no puede soportar la idea de perder, pues bien, así será. Pero no es obligación pensar así. Renunciar a cierto grado de libertad es algo penoso para la mayoría de la gente, pero también es necesario para alcanzar las cosas que se desean. Perder la libertad puede *parecer* una forma de muerte, pero es así sólo porque así se decide. Tratemos de pensar, en cambio, en lo mucho que se ganará con el cambio.

Este procedimiento, aplicado sistemáticamente, ayudó a Belle, una joven de treinta años que había pasado un prolongado período sin una relación amorosa y empezaba a pensar que estaría siempre sola. Cuando conoció a Clifford, se sintió colmada de felicidad e invadida por un sentimiento de alivio. Brillante, divertido, hombre de éxito, Clifford la amaba y la relación empezó muy bien. Pero después de un año, Belle empezó a observar la tendencia de Clifford al egocentrismo y al acoso de preocupaciones.

Cuando conocí a Belle ella divagaba pensando que su relación era insatisfactoria y que debía alejarse de Clifford antes de que él la acusara de haberle dado esperanzas. Por otra parte, recordaba muy bien cuán ansiosa y asustada se había sentido anteriormente. Vacilaba.

"Estoy segura de que si no corto con Clifford me arrepentiré", me decía. "Siempre me pregunto por qué no habré conocido a otro hombre con quien pudiera llevarme mejor. Lo que me mortifica es que no puedo tomar una decisión. Sé que es injusto para Clifford. El no imagina cuáles son mis sentimientos. Creo que para poder cortar tendré que esperar a que me pida que viva con él, porque eso sí que no podré hacerlo."

Desde luego, poco después Clifford le pidió que vivieran juntos y el nivel de ansiedad de Belle se disparó. Pero después de mucho sufrir, decidió que lo *intentaría*. Y poco después pensó que ya que no estaba dispuesta a poner fin a la relación, intentaría que fuera lo mejor posible.

Cuando Belle empezaba a enumerar los defectos de Clifford, yo le preguntaba en qué la beneficiaba esa línea de pensamiento. Finalmente ella empezó a trabajar su hábito de rumiar dudas. Después me dijo que sus críticas y sus arrepentimientos no la llevaban a la acción. Se entregaba a esos pensamientos para prolongar la *ilusión* de que le quedaban opciones, para no sentirse agobiada en la relación con Clifford.

Por último se dio cuenta de que, en lo más íntimo, el miedo le impedía dejar de lado sus objeciones, a menos que se vinculara tan íntimamente a Clifford que *nunca* pudiera romper esa relación, y esta última perspectiva la aterrorizaba. Pero después de algún tiempo llegó a sentir la confianza suficiente para dejar de pensar que necesitaba siempre una red por si caía. Clifford y Belle se casaron y cuando volví a verlos, unos años después, parecían estar bastante bien.

De todo lo expuesto hasta aquí no debe deducirse que esté recomendando que uno se comprometa con su actual romance o con el trabajo que tiene en este momento. En modo alguno es así, y yo nada tendría que ver con los resultados. Es *uno mismo* quien debe decidir hasta dónde es legítima su reticencia ante ciertas situaciones y hasta dónde es consecuencia de su miedo al compromiso.

Si se trata de una razonable cautela, se resolverán las dudas a medida que se disponga de nuevos datos. Pero si el principal obstáculo es el miedo a las decisiones y a los compromisos, entonces los datos no servirán de nada. Se utilizará esa información adicional para justificar la parálisis, se oscilará, angustiado, entre las distintas opciones, hasta que los hechos externos decidan por uno o hasta que sea imposible seguir dudando y nos precipitemos a una decisión por mero impulso.

Lo más importante es recordar cuánto se depende de las percepciones. Se puede considerar el compromiso como un riesgo intolerable y como el fin de la libertad, pero también se puede considerar la única manera de poner punto final al sentimiento crónico y doloroso de aislamiento y de tiempo perdido.

5
Sensibilidad y resistencia a la exigencia

> *Mary, Mary, todo lo contrario,*
> *¿cómo crece tu jardín?*
>
> CANCIÓN INFANTIL

Carla, una maestra de treinta y dos años, me explicaba su resistencia a hacer el amor con Bernie, su marido, desde hacía cuatro años. "No sé por qué, pero cada vez tengo menos ganas de hacer el amor con él. Lo cierto es que cuando pasamos al sexo a mí me gusta y encuentro a Bernie muy atractivo. A veces descubro pensamientos eróticos con él mientras trabajo o cuando estamos cenando con otros amigos. Además, nos queremos de verdad. Pero por alguna razón me empeño en postergar el momento de ir a la cama; espero hasta que Bernie se duerme. Me preocupa que si nuestra relación sexual sigue deteriorándose, mi marido empiece a mirar a otras mujeres. Pero aunque *quiero* que nuestra relación amorosa mejore, cuando tenemos oportunidad de hacer el amor, pierdo el interés."

El trabajo de Jason —que es consultor político— le exige trabajar una gran cantidad de material escrito. Pero cada vez le resulta más difícil. También tiene dificultades para hacer proyectos en su vida personal, aunque se trate de proyectos agradables. Y como no se acuesta a una hora razonable, está siempre cansado. Un día, durante una sesión en la que estaba particularmente exhausto, me contó que la noche anterior se había quedado levantado hasta muy tarde, mirando "los estúpidos programas de TV", uno tras otro.

—Y si los programas eran "estúpidos", ¿por qué los miraba? —pregunté yo.

—Creo que estaba demasiado cansado para trabajar, pero no quería irme a la cama.

—¿Por qué no quería irse a la cama?

—No lo sé. En realidad, lo había intentado. Me había dicho a mí mismo: "Esta noche tengo que irme a dormir temprano".

—¿*Tengo* que irme a dormir temprano? —repetí.

—Parece que estuviera dándome órdenes a mí mismo, ¿no? —comentó Jason haciendo una mueca de disgusto.

—Entonces, ¿qué le impedía irse a la cama? —insistí.

—¡No lo sé!

Gordon acudió a verme en busca de alivio a sus múltiples molestias: insomnio, trastornos estomacales, sentimientos de ansiedad. Bien pronto se puso en evidencia que este hombre presentaba varios rasgos típicamente obsesivos, de modo que no me sorprendí cuando su esposa, Lorraine, relató lo siguiente: "Cuando quiero que Gordon haga algo nunca se lo pido directamente. Si *no* se lo pido, lo hace. Hace poco cometí el error de pedirle que completara su parte en la solicitud de una tarjeta de crédito. Dijo que lo haría, y además quiere la tarjeta, pero eso fue hace tres semanas. Dejé los papeles a la vista, y Gordon sigue diciendo que los completará, pero nunca llega el momento".

¿Que sucede en todos estos casos? ¿Qué impide que todas estas personas hagan cosas que aparentemente *quieren* hacer?

Muchos factores diferentes *podrían* explicar este comportamiento. Pero en estos casos específicos, los dos factores más poderosos son: una *sensibilidad especial a las exigencias y una respuesta interior negativa*.

Llamo a estas dos condiciones "sensibilidad a la exigencia" y "resistencia a la exigencia". Si bien no siempre se dan simultáneamente, están relacionadas entre sí y afectan con gran frecuencia a las personas obsesivas.

SENSIBILIDAD A LA EXIGENCIA

Los obsesivos tienen tendencia a ser especialmente sensibles a las exigencias, reales o imaginarias, que se les hace. Un aspecto de la sensibilidad a la exigencia es la tendencia a "oír" las peticiones de una manera exagerada. Cuando el jefe dice, por ejemplo, que le gustaría tener aquel material sobre su escritorio dentro de tres días, la persona obsesiva percibe esa expectativa con más intensidad que los demás. De hecho, escucha más bien una orden.

La persona obsesiva exagera además solicitudes más suaves. Supongamos, por ejemplo, que he redactado el borrador de una carta al director de un periódico local y se la he dado a usted, diciéndole: "Si tienes tiempo, échale un vistazo y dime qué te parece". Si usted es un obsesivo sensible a la exigencia, sentirá una opresión no sólo para leer el trabajo sino también para hacerme algunas sugerencias y devolvérmelo lo más pronto posible. Y aunque no lo *haga* en definitiva percibirá mi demanda como exigencia y hasta me reprochará que le haya endilgado semejante carga.

Obligaciones imaginarias

Todos los días, la vida nos coloca en innumerables situaciones en las que se espera que nos adaptemos a ciertas expectativas o convenciones tácitas. Por ejemplo:

- En la mayoría de las culturas, se espera de los hombres que tomen la iniciativa en el acercamiento amoroso.
- Se da por sentado que debemos ser respetuosos con nuestros mayores y con nuestros superiores en el trabajo.
- El matrimonio implica una exigencia tácita de relaciones sexuales con el marido o la esposa y de demostración de afecto.
- Se supone que debemos ser corteses y educados.

Las cumpla o no, la persona obsesiva es sumamente sensible a estas y otras obligaciones no formuladas explícitamente. En realidad, las percibe como si se las gritaran a través de un megáfono. Colocada en una situación nueva, se preocupa con prioridad absoluta por conocer las reglas del juego. En mis grupos de terapia, por ejemplo, es siempre el paciente obsesivo quien quiere saber si el grupo "debe" abordar determinados temas. Este individuo pertenece al tipo de personas que, antes de iniciar un crucero de lujo, quieren saber qué propina "hay" que darles a las camareras.

Los deseos se convierten en deberes

Del mismo modo, la gente obsesiva ve exigencias o requerimientos en situaciones que no existen. Durante una de nuestras sesiones, una fotógrafa muy perfeccionista, llamada Liz, enumeró una relación de tareas que quería hacer la semana siguiente. Yo no le había pedido aquella relación ni le había sugerido que hiciera aquellas cosas, pero a la semana siguiente confesó ella humildemente: "No he hecho lo que tenía que hacer esta semana, de modo que no tengo mucho que contar".

Hablaba como si *yo* esperase que ella hiciera las cosas de la lista y como si tuviera que darme cuentas a *mí*, aunque nada tenía que ver yo con su plan.

Entre el momento en que pensó en la lista y la reunión siguiente, el pensamiento de Liz dio un giro importante. En algún punto —es posible que inmediatamente después de haber confeccionado la lista— su percepción se distorsionó. En lugar de ver las actividades enumeradas como lo que *quería* hacer, empezó a verlas como tareas que *debía* cumplir, por una especie de obligación moral, que alguien le había impuesto.

Una y otra vez observo esta transformación en mis pacientes obsesivos. El "quiero" se convierte en "debo". La expresión "quiero" es rara en el pensamiento y en el vocabulario de esta gente. En vez de "quiero" expresan y dicen "debo" o "debería". La volición es reemplazada por la obligación. Y del mismo modo, en vez de decir "no quiero", dicen "no puedo".

La conversión inconsciente de "quiero" en "debo" es una maniobra pueril que se incorpora al carácter del obsesivo, y una maniobra que sirve a diversas motivaciones. Por ejemplo, las personas que necesitan sentirse por encima de la crítica se sienten mejor cuando piensan que sus decisiones y sus actos obedecen a fuerzas externas. Es más difícil criticar a quien cumple órdenes que a quien hace algo por propia voluntad. Además, pensar y hablar en términos de "tengo que" o "debo" se siente y se transmite como algo menos egoísta y de un modo más ético y responsable que "yo quiero" o "me gustaría". Según la visión del mundo del obsesivo, donde reina la escrupulosidad, es mejor estar cumpliendo una obligación que satisfaciendo un deseo.

El precio de la sensibilidad a la exigencia

El precio que hay que pagar por desconocer los deseos —aunque sea inconscientemente— es elevado. La realización de objetivos libremente elegidos brinda alegría y una sensación de realización personal. Por el contrario, cuando la mayoría de nuestras actividades son obligatorias, se llega al punto de que *nada* nos da placer, y la vida se experimenta como algo sin sentido. En esas condiciones nadie se sentirá como un participante activo, que tome los placeres que la vida le ofrece, sino como un individuo pasivo y receptor, que se esfuerza por cumplir las obligaciones que le han sido impuestas. Y se llega a sentir la impotencia, como si se careciera de control sobre la propia vida; estado, por cierto, muy desagradable.

Es posible que no se tenga un sentido claro y estable del yo, de quién es uno mismo. Quizá sepamos lo que se hace bien, lo que se consigue, con quién se simpatiza, lo que desagrada, lo que se teme. Todas estas cosas *contribuyen* al sentido de la identidad, pero no son suficientes. Un sólido sentido del yo requiere una constante conciencia del aspecto volitivo: debe saberse lo que se *quiere*. Sin esa suerte de ancla, terminará uno por sentirse débil y pasivo y será más vulnerable a las influencias externas, especialmente a los deseos de los demás. Como se percibe (a un nivel inconsciente) que el sentido del yo —que se encuentra a la deriva— puede ser invadido en cualquier momento por fuerzas externas, se siente obligado a defenderse de las personas que parecen fuertes, invasoras o demasiado próximas.

En muchos de los pacientes, este sentido de vulnerabilidad parece haber empezado en la infancia. Un paciente, Gerald, programador de computación de treinta años, recordaba y describía explícitamente la sensación que había experimentado desde la infancia de ser avasallado por su madre. Gerald veía una clara conexión entre su yo adulto oponente y el niño que frecuentemente se había sentido amenazado por las exigencias de su madre.

—Un motivo importante de confrontación era la comida. Aunque tuviera hambre, no me gustaba cómo controlaba mis comidas mi madre. Me hacía comer más de lo que yo quería; me hacía engullir platos que no me gustaban, sin darme la oportunidad de decir "¡No quiero!". Yo era como una extensión de *sus* deseos. Era como si ella dijera: "Si *tú* comes, *yo* estaré contenta". O sea que yo sólo reflejaba algo que en realidad estaba en ella. Me parecía que si accedía automáticamente a todo lo que me pedía, seguiría pidiendo. Y ya me había pedido tantas cosas que yo estaba siempre *reaccionando*, y nunca me dedicaba a pensar qué era lo que *yo* quería.

—¿Y entonces?

—Yo no *estaba*, yo no existía. No había el "yo".

Finalmente, Gerald encontró un arma para defenderse.

—Lo único que podía hacer era negarme, retener las cosas. Si yo no comía, mi madre se ponía como loca; si no manifestaba afecto, mis padres sufrían. Eso me hacía sentir poderoso; llevaba el control.

Gerald advirtió que sus padres se pusieron muy contentos cuando aprobó el primer ciclo de los estudios secundarios.

—Desde entonces —contaba— frené el progreso de mis estudios, mi dedicación sufrió. Y creo que estoy haciendo todavía lo mismo. Cuando advierto que alguien pretende algo de mí, no lo hago. Es una reacción tan automática que prefiero retraerme a saber lo que quiero realmente.

Yo describiría a Gerald como una persona "intensamente resistente a la exigencia", es decir, con una fuerte tendencia a resistirse ante diversas expectativas que le llegan del exterior, *simplemente porque las percibe como exigencias.* Tal como lo descubrió Gerald en sí mismo, la resistencia a la exigencia está íntimamente vinculada al control interpersonal. En primer lugar, es una manera de salvaguardar el frágil sentido del yo, negándose a ser dominado o controlado por otros. Y en segundo lugar, es el modo que han encontrado estas personas de asegurarse de que pueden ejercer una sutil influencia —y hasta cierto control— sobre los demás, frustrándolos.

Si bien Gerald era particularmente lúcido acerca de su pauta de resistencia a la exigencia (lucidez que no es común), no acudió a mí en busca de ayuda por ese problema. Ningún obsesivo lo hace. Como se trata de comportamientos inconscientes, la resistencia y la sensibilidad a la exigencia surgen a medida que los pacientes y yo encaramos ciertos problemas obvios y más imperativos, como la depresión o la ansiedad, los bloqueos en el trabajo o la dificultad para asumir compromisos.

Un pequeño porcentaje de gente reconoce, como Gerald, que se sienten ofendidos, no sólo cuando alguien les dice lo que deben hacer sino también cuando perciben la más leve expectativa o presión por parte del otro. A veces estos individuos tienen fama de obstinados y respondones; pero lo más común es que la resistencia a la exigencia sea indetectable. *Interiormente*, el obsesivo suele sentir cierta hesitación frente a ciertos requerimientos. "Siento una opresión por dentro, una opresión en el estómago", explicaba un paciente. "Tengo también una rabia contenida", agregó. Pero a menudo no hay signos exteriores de esta conmoción íntima. En otros casos, se advierten algunas manifestaciones externas, como la dilación de tareas o la dificultad para acabarlas, y el renuente mismo suele quedar pasmado y desalentado ante su incapacidad para realizar lo que quiere hacer conscientemente.

EXIGENCIAS Y BLOQUEOS EN EL TRABAJO

Esto mismo se constataba en Jane, una mujer de cincuenta y un años, redactora de una fundación, que acudió a consultarme cuando empezaron las dificultades con una tarea que le había sido asignada. Jane había demostrado siempre un gran rendimiento en el trabajo, de modo que el nuevo proceso la sorprendió y perturbó. No podía identificar ninguna razón específica para esta parálisis. Sin embargo, cuando empecé a interrogarla me di cuenta de que ocurría algo *diferente* en la tarea de Jane.

Habitualmente, Jane escogía el proyecto a trabajar, pero en este caso se lo había encomendado su supervisor. Ella conocía que, desde cualquier punto de vista, la asignación de la tarea era razonable, y si bien no estaba particularmente entusiasmada con el tema, tampoco lo encontraba desgradable. Además, la tarea entraba plenamente en el ámbito de sus responsabilidades.

No obstante, a medida que hablaba, Jane expresaba su resentimiento con su jefe. "Realmente no me gusta", se quejó en una sesión. "Se comporta como un maestro de escuela, y yo reacciono mal." Finalmente, Jane hizo un esfuerzo y continuó su tarea, pero por las mañanas sentía horrror de ir al trabajo, y cada vez que hablaba con su superior se retiraba a su oficina maldiciéndolo por lo bajo.

Un día, en el transcurso de una sesión, todos esos sentimientos salieron a la luz. Ella se encogió de hombros y empezó a menear la cabeza, confundida y frustrada, mientras sus ojos se llenaban de lágrimas. Y de pronto recordó una discusión que había tenido con su esposo aquella misma mañana. El le sugirió que se deshiciera de un mueble roto que había en el garaje, y ella, indignada, se negó. "Creo que mi resistencia fue desproporcionada", me dijo Jane. "Fue una respuesta visceral, instintiva. Pensé: 'El no me va a dar órdenes, no voy a permitir que me avasalle'. La sugerencia de mi marido me hizo recordar a mi madre. Ella me dominaba, nunca podía hacer lo que *yo* quería. Mi manera de hacer las cosas nunca era la correcta. De modo que aprendí a negarme, a no hacer concesiones, a mantenerme en mis trece."

Emocionada por el descubrimiento, Jane empezó a hablar rápidamente. Me contó que muchas veces se había sentido dominada y avasallada por su madre. "Y siento lo mismo aquí, en la terapia, me parece que es usted mi adversario y que me obliga a hacer cosas que no quiero hacer. Como por ejemplo, hacerme hablar. Y la única manera de protegerme es negarme. ¡Cerrarme como una ostra!" Muy pronto Jane empezó a comprender que, tanto con su jefe como conmigo, su resentimiento y su rechazo eran insensatos y perjudiciales para ella. Es decir, esos sentimientos eran un obstáculo para lo que *quería* hacer; y además, estaban socavando sus posibilidades de éxito en la vida, aunque ella fuera inconsciente de su influencia.

En una sola sesión Jane se dio cuenta súbitamente de que tal vez la semilla de su resistencia a la exigencia había sido sembrada en su infancia, en relación con su madre. Ella había aprendido a resistirse a obedecer, como una manera de no ser atropellada, primero en esa relación y después en otras.

Examinando la historia de Jane se puede advertir cómo la resistencia a las exigencias tiene algo en común con otros rasgos obsesivos, como la meticulosidad, la cautela y el autocontrol. Lo que se inicia como un medio eficaz de autoprotección se hace desmesurado, indiscriminado o automático. Y por último este comportamiento es contraproducente e interfiere en el trabajo, en las relaciones con los demás y hasta en el esparcimiento y el tiempo libre.

El deterioro del trabajo

En el campo del trabajo, la resistencia a la exigencia no adopta necesariamente la forma de bloqueo total, pero de todos modos resulta perjudicial. Puede suceder, simplemente, que el obsesivo sienta su trabajo como una carga o que tenga dificultad para concentrarse. Quizás experimente un amargo rencor, que socava su creatividad y su entusiasmo. Y finalmente puede llegar a no tener otra motivación que la de hacer el mínimo posible. Y sus proyectos siempre llevan un sutil signo de su fastidio: llega tarde, omite algún detalle, presenta su trabajo sin atenerse del todo a lo requerido.

Quizás estamos pensando que cualquier empleado se ofende alguna vez si se le pide que realice una tarea desagradable o que

117

se atenga a las preferencias de su superior. Eso es verdad. Pero el empleado resistente a la petición encuentra exigencias donde no las hay y realiza con reticencia y disgusto tareas que no son tan molestas. Además, suele sucederle sentirse abrumado por algún trabajo que inicialmente *quería* hacer. También los obsesivos con una ocupación independiente experimentan sus exigencias internas como algo proveniente del exterior. Sin jefe ni supervisor a quien echarle la culpa, centran su resentimiento en el trabajo mismo, los clientes o la familia (que los "obliga" a trabajar).

Cuando la resistencia a la exigencia sabotea el desempeño laboral, muchos obsesivos se desmoralizan, puesto que por lo general se enorgullecen de su capacidad en ese campo. Para muchos, la "solución" a este desalentador estado de cosas consiste en racionalizar su rencor hacia el trabajo en términos que favorecen su autoimagen antes que dañarla. Como prácticamente todos los obsesivos consideran que la meticulosidad es una virtud, precisamente esta cualidad les proporciona la excusa perfecta. El obsesivo se convence de que es víctima de una explotación concienzuda. "Me rompo el alma trabajando", farfulla para sí, "no falto nunca, cumplo con mis obligaciones, me sacrifico por el bien de la compañía, ¿y todo para qué? Nadie aprecia mis esfuerzos, y peor aún, malgasto mi energía porque el sistema es lento y en absoluto eficiente". Justifica su actitud negativa hacia el trabajo sintiéndose víctima de una injusticia, y de ese modo el verdadero culpable —su resistencia a las exigencias— pasa inadvertido.

El deterioro del tiempo libre

Más lamentable aún que el impacto sobre el trabajo es el daño que la resistencia a la exigencia puede infligir al obsesivo en su tiempo libre o en su esparcimiento. Una penosa consecuencia de la transformación de los "quiero" en "debo" es que en determinado momento el obsesivo considera una carga las actividades potencialmente agradables. Una persona obsesiva puede acometer un proyecto o dedicarse a un pasatiempo con una sensación inicial placentera. Pero el pensamiento "me gustaría hacer un jersey para mi marido" se convierte en "tengo que hacerle un jersey": es decir, la actividad se transforma en algo que *debe hacerse*, como si se tratara de una exigencia externa. En vez de relajarse y disfrutar de la oportunidad de ser creativa, esta persona suele afanarse y trabaja muchísimo para acabar cuanto antes. Esta resistencia inconsciente puede no afectar la realización de la tarea, pero más a menudo sí que lo hace. Por ejemplo, se empieza a postergar y demorar la actividad. En casos extremos este proceso conduce al abandono de un *hobby* tras otro.

La conducta de Jan en este aspecto era típica. Era una mujer soltera de cuarenta y tres años, representante de ventas, y había tenido éxito como modelo de ropa infantil cuando era niña, pero siempre había cargado con una madre explotadora y manipuladora. Siendo adulta, Jan se sentía profundamente frustrada por su incapacidad para realizar proyectos personales. Mantenía siempre diez o quince kilos de sobrepeso y hablaba incesantemente de lo mucho que le gustaría adelgazar, pero no hacía progresos en ese sentido.

En cierto momento Jan se había entusiasmado con la idea de enrolarse en las *girl scouts*. Una reciente experiencia en esa actividad había sido satisfactoria y placentera. Finalmente, después de un año de consideración, dio los pasos necesarios y fue aceptada en el programa, pero casi inmediatamente se sintió abrumada por la ansiedad contra el compromiso que asumiría y las restricciones que impondría el programa a su libertad y a su tiempo. "No entiendo por qué estoy siempre en guerra conmigo misma", me dijo casi llorando. "A veces me siento estúpida, como si diera vueltas en círculo y no pudiera salir."

La sencilla tarea de anotar algunos objetivos que deseara cubrir en la vida resultaba difícil para Jan. Cuando le pedí que lo intentara, volvió a la sesión siguiente confundida y apenada por su incapacidad. "Me parece que si anoto lo que *quiero*, tendré que hacer todo lo que diga la lista, y entonces ya no querré cumplirlo. Apenas escribo un objetivo, siento que se convierte en una obligación."

El deterioro de las relaciones

Además del trabajo y las diversiones, las relaciones se resienten a causa de las peculiares presiones de la resistencia a la exigencia. Estas presiones pueden interferir en todo, desde el inicio de una relación hasta el mantenimiento de la amistad. Judy, por ejemplo, comentó que simpatizaba con una compañera del hospital donde trabajaba. Sin embargo, también comentó que la "asustaba" la actitud amistosa de su colega. "No quiero adquirir el compromiso de su amistad ahora. No me gusta crear expectativas y no quiero que piense que tiene derecho a mi tiempo o a mi energía. No me gusta que otras personas reclamen mi tiempo", dijo Judy. La mera idea de esas exigencias la hacía presa del pánico. "Lo único que quiero en esos casos es huir. Me siento en peligro de que me ahoguen. Para frecuentar a la gente tengo que hacerlo en mis propios términos, no en los términos de los demás y ni siquiera de común acuerdo."

Evidentemente, tales sentimientos pueden frustrar fácilmente cualquier romance incipiente. Imaginemos la escena que puede desarrollarse cuando un hombre soltero, resistente a la exigencia, asiste a una cena de amigos y advierte a una bonita muchacha sin pareja. Al principio es posible que se sienta atraído por la joven. Pero a medida que transcurre la reunión empieza a experimentar una vaga presión interna que lo impulsa a conversar con ella o a invitarla a salir. Tal vez nuestro hombre sienta que es así como se debe actuar en esa situación, o que la invitada o la anfitriona esperan que proceda de ese modo.

En el momento en que percibe la supuesta expectativa, resulta difícil actuar, independientemente de que quiera iniciar a nivel consciente una conversación con la bella invitada. No se da cuenta de que el principal obstáculo es su resistencia automática, de modo que le echa la culpa de su vacilación a la timidez, al miedo a ser rechazado o a cualquiera otra explicación que se le ocurra. Es fácil advertir que el joven ha perdido de vista sus propios deseos en determinado momento del proceso. El "quiero" queda escondido en alguna parte.

Pese a todos los obstáculos, es capaz de cortejar a la muchacha. Pero cuando advierta que la idea de salir juntos genera expectativas en la mujer, surgirán los problemas. Por ejemplo, podría sentirse presionado a llamar sólo a determinadas horas, a compartir con ella determinados días o a responder adecuadamente a sus manifestaciones de afecto. En esos momentos este hombre se resistirá, no importa cuánto le guste su novia ni hasta dónde desee expresar sus sentimientos. Y ella, por su parte, interpretará erróneamente su frialdad aparente: la tomará por apatía o por rechazo.

Algunos comportamientos se asemejan mucho a la renuencia de asumir compromisos a la que hacíamos referencia anteriormente. Frecuentemente los problemas de compromiso y de resistencia a la exigencia coexisten y a veces se ensamblan perfectamente. Surgen de diferentes dinámicas subyacentes, pero pueden dar por resultado comportamientos idénticos, como la reticencia a casarse. Este es un buen ejemplo de dos motivos complementarios que se manifiestan mediante un curso de acción único, la resistencia. Dicho comportamiento puede responder también a otros motivos. Por ejemplo, muchos obsesivos temen la dependencia y la intimidad. No hace falta un gran esfuerzo de imaginación para darse cuenta de que estos rasgos personales pueden valerse fácilmente de una reticencia al compromiso. En mi opinión, esta "canalización" es una notable ejemplificación de lo eficiente que puede ser el tipo de personalidad.

La resistencia a la exigencia puede contaminar además las relaciones establecidas; puede sabotear aspectos importantes de la vida de relación. Como es, por ejemplo, el caso del paciente que me contó un episodio acaecido durante un viaje que había hecho recientemente con su esposa. A él le gustaba aquel hotel, pero "cuando mi esposa se mostró encantada con la habitación y la alababa, sentí yo que su entusiasmo era una exigencia de que estuviéramos de acuerdo. Entonces no pude decir ni siquiera 'sí, a mí también me gusta'".

Aunque este ejemplo parece trivial, la resistencia a la exigencia puede infligir graves daños a una relación bien establecida. En ocasiones provoca problemas crónicos en un solo aspecto, como en el caso de Carla, la maestra cuya relación sexual con su marido se deterioraba lentamente; otras veces el daño suele ser más amplio. Sheila se sintió dolida y ofendida cuando, al someterse a una intervención quirúrgica, su esposo, Gary, se mostró frío y distante. ¿Por qué se comportó de aquel modo? No porque no amara a su esposa o fuera insensible a su necesidad de apoyo y afecto, sino porque retrocedió ante la *expectativa* de que debía actuar de ese modo.

Gary y Sheila discutían constantemente por la insociabilidad de Gary. El explicó que se sentía tenso y molesto cada vez que su esposa lo presionaba para que conversara más con ella. "Yo prometo hacerlo, pero siento que no es una elección sino una obligación conyugal, y eso me detiene. Una vez le sugerí a Sheila que en vez de decir 'conversemos', empiece simplemente a conversar. Así, a mí no me parecería que charlar fuera una exigencia."

Como su resistencia a la exigencia era inconsciente, Gary atribuía a otros factores la falta de amabilidad con su esposa. Me dijo que no quería "sentar un precedente": "Creo que si rompiera yo el hielo e iniciara el diálogo, generaría la expectativa de que *todas las noches* tendría que sentarme y hablar. Tengo la sensación de que siempre estoy sentando precedentes y de que en el futuro me los echarán en cara".

Aunque Gary expresaba un amor y un respeto aparentemente sinceros por su esposa, a menudo se irritaba con ella, una pauta que he observado reiteradamente en los obsesivos resistentes. Estas personas albergan rencor hacia la gente, las instituciones o las normas que —en su opinión— les exigen que se comporten de determinada manera. A veces reconocen su resentimiento, pero a veces es tan inconsciente como el proceso de percibir exigencias y resistirse a ellas.

¿ES USTED RESISTENTE A LA EXIGENCIA?

Muchas personas tienen plena conciencia de los resultados de su resistencia a la exigencia —su costumbre de llegar tarde o su dificultad para expresar emociones— y se sienten frustradas. Pero he comprobado que tales problemas son más difíciles de resolver que otros, precisamente porque la subyacente resistencia a la exigencia no aflora a la conciencia como otros rasgos obsesivos: el perfeccionismo, por ejemplo. Requiere más esfuerzo y más tiempo reconocer la propia resistencia a la exigencia y observar claramente sus efectos. Pero el progreso es posible, y *tomar conciencia de la resistencia a la exigencia es el paso más importante* en esa dirección.

Si se es obsesivo, probablemente se estará sujeto a muchas exigencias reales. Hay trabajo, obligaciones, normas y convenciones que observar, pautas que uno se siente obligado a mantener. Y si se es meticuloso y enérgico como la mayoría de los obsesivos, probablemente se hará todo lo que se tiene que hacer con la mayor competencia, y hasta brillantemente.

También se acometerán, sin duda, determinadas tareas con escaso entusiasmo. Eso no significa que se sea resistente a la exigencia. Prácticamente todos debemos hacer *ciertas* cosas que no deseamos y a veces tratamos de eludirlas. Si realmente se "tiene que" hacer algo *objetivamente* molesto o desagradable, es perfectamente natural que se haga de mala gana y provoque irritación mientras se trabaja. Pero no se trata de una resistencia a la exigencia.

La resistencia a la exigencia es una respuesta interior negativa, constante y automática, a la percepción de presión, expectativas o exigencias (desde dentro o desde fuera). No es fácil decir que se es resistente a la exigencia, y si se es, tampoco es fácil afirmar que ese hecho esté causando problemas. La observación cuidadosa nos orientará en la dirección correcta.

En términos generales, ¿se siente incómodo o reacio a obedecer cuando siente que se espera algo de usted, desde responder a una llamada telefónica hasta hacer el amor? ¿Muchas actividades parecen más bien pesadas obligaciones que algo que se quiere hacer activamente? ¿Sus amigos o sus familiares dicen que es usted renuente o que siempre lleva la contraria?

Muchos obsesivos pueden responder a estas preguntas con un simple "no". Si bien he descubierto que muchos obsesivos son *sensibles* a la exigencia, no tantos son *resistentes* a la exigencia. Algunas personas parecen cumplir mejor con sus obligaciones y sentirse más cómodas cuando siguen las "reglas", algo a lo que están constantemente atentas.

Si, por otra parte, se descubre que se tiene que hacer un esfuerzo para realizar muchas cosas que "deben" hacerse, bien puede ser que la resistencia a la exigencia esté socavando algunos aspectos de la vida. Para asegurarse, uno necesita reconocer su rebelión interna cada vez que sienta presiones, expectativas o exigencias. También en este caso la clave es aguzar la conciencia de las propias reacciones. Observemos un sentimiento de incomodidad cuando alguien nos pide un trabajo listo para determinada fecha. Advirtamos la renuencia cuando llega el momento de iniciar la tarea. Observemos cómo se posterga. Y formulemos estas preguntas: ¿qué hace que sea tan difícil? ¿Por qué se vacila?

Preguntémonos *por qué* nos sentimos molestos ante un requerimiento legítimo; por qué resulta tan difícil hacer las cosas que nos proponemos; por qué asistir a las clases de inglés es una carga cada vez más pesada. Si no hay una respuesta plausible, tal vez la resistencia a la exigencia sea un problema. Y aun cuando se puedan esgrimir explicaciones adaptadas a la renuencia, no se descarta la posibilidad de que la verdadera culpable sea la resistencia a la exigencia. Recordemos que este fenómeno es profundamente inconsciente y que podríamos estar racionalizando el comportamiento; por lo tanto, será conveniente que analicemos con cuidado las razones.

Está de más que cuente cuántas veces me dice la gente que evitan las relaciones sexuales porque por la noche están muy cansados, o que postergan proyectos porque no es el momento adecuado para acometer su realización o que no pueden terminar sus tareas porque el jefe de sección es odioso. En la mayoría de los casos estas personas llegan a descubrir más tarde que, aun cuando persistan las mismas condiciones, pueden cambiar de actitud y de comportamiento.

El paso más importante para superar la resistencia a la exigencia *es detectar la resistencia en el momento mismo en que se produce.* Una paciente, por ejemplo, me dijo: "Es tan fastidioso, tan cansador escribir las notas de agradecimiento de los regalos de boda... ¡Es imposible hacerlo!". Tan pronto como hubo pronunciado estas palabras se echó a reír y dijo: "¡Pero si *no* es imposible! No puede ser tan terrible. Es absurdo pensar así". Entonces se fue a casa y escribió las notas.

Desearía que fuera siempre tan fácil detectar y descartar un comportamiento de resistencia a la exigencia. No lo es. (Esta paciente ya estaba "preparada".) Pero hay algo más que puede ayudar: *empezar a prestar atención al número de veces que se piensa, se siente o se dice "debo" o "tengo que" en vez de decir o pensar "quiero".* Si se es una persona resistente a la exigencia, esta manera de pensar es un hábito autoprotector que ha crecido desmesuradamente, causando un dolor innecesario y socavando el sentido de autonomía. Nadie *está obligado* a escribir esas cartas, asistir a un curso de inglés o hacer el amor a determinada hora, y pensar que sí se está impide disfrutar de los aspectos positivos de esas actividades.

Desde luego, hay cosas que todo el mundo debe hacer en su trabajo y en su vida personal. Pero aun estas obligaciones están generalmente incorporadas a un contexto, dentro de algo que se quiso y libremente se eligió y que posiblemente *aún* se quiere.

Supongamos, por ejemplo, que uno se resiste a escribir un trabajo para un curso que está estudiando, y que si no lo escribe quedará descalificado para continuar asistiendo. Pregúntese si hacer ese curso lo acercará a la consecución de algo que realmente se desea. Si no es así, abandónese y se acabará la agonía. Pero si se trata de un proyecto importante y el curso se necesita, no perdamos de vista el hecho. Recordemos el motivo del curso. Recomponer el cuadro general ayudará. Escribir ese trabajo puede ser realmente fastidioso, pero no es tan horrible. *Estamos haciendo las cosas más difíciles de lo que son.*

Para cambiar el esquema, habrá que volver a conectarse con el "quiero" de todo lo que se hace. Sorprendámonos pensando "debo" o "tengo que" y cuestionemos esos pensamientos. Dejemos de decir "tengo que", a menos que se esté seguro de que es así. No perdamos el dominio de nuestra propia vida. Comprendamos que cuando alguien se siente presionado para hacer algo, la decisión de acceder o no es *íntegramente suya*.

Kitty pudo acceder a esa comprensión. La mayor de cuatro hermanos, Kitty había sido una niña sumamente capaz, responsable y meticulosa. Su padre, profesor universitario, era exigente y crítico, y su madre fue una mujer abiertamente protectora y avasalladora. Insistía en que Kitty y ella fueran confidentes y no toleraba distancia alguna entre ambas. En el hogar se suponía que todos debían vivir de puertas abiertas; la intimidad era un estado ignorado.

Para proteger su identidad individual, Kitty se hizo resistente a la exigencia. Cuando acudió a verme a causa de su depresión, estaba casada con un hombre que había sido "el vecinito de al lado". Ambas familias habían dado por supuesto el noviazgo y Kitty jamás consideró otra opción seriamente. Si bien no estaba profundamente insatisfecha con su matrimonio, sus comentarios revelaron su resistencia autoprotectora. En una sesión me dijo:

—Mi marido y yo habíamos resuelto ir a jugar golf el fin de semana. En último momento, yo decidí no ir. Y eso sucede muchas veces. Mi marido se pone furioso. No sé por qué lo hago.

—¿Pero tiene alguna idea? —pregunté.

—Creo que ya se nos ha hecho un hábito. Cuando él sugiere algo, yo digo que no automáticamente. Y si accedo, mantengo después una actitud negativa. Cuando mi marido propone algo, tengo que pensarlo. Si propone salir a navegar, le digo inmediatamente que primero hay que pagar las cuentas, aunque no sea cierto.

—Parece una necesidad de protegerse, igual que con su madre.

—Me parece que jamás podría conocerme a *mí misma* si no me resistiera de ese modo.

Kitty y yo trabajamos su capacidad para poner límites a la relación con sus padres, que participaban activamente en su vida. Empezó por limitar su contacto con la madre; al principio, por ejemplo, se esforzaba por estar fuera de casa a la hora en que sus padres llamaban habitualmente. Después, aunque la aterrorizaba hacerlo, empezó a decirles cosas como: "Prefiero no hablar de eso contigo". También nos concentramos en la necesidad de resistirse automáticamente al percibir alguna exigencia de su marido y en lo que estaba costándole. Cada vez que se presentaba el problema, discutíamos lo que estaba haciendo la resistencia en su favor, comparándolo con lo que estaba haciendo en su contra, y examinábamos exhaustivamente cómo se desenvolvía el proceso.

El matrimonio de Kitty terminó finalmente en divorcio, pero la relación con sus padres mejoró. Ella ha aprendido a decirles claramente lo que quiere (amistad y respeto) y lo que *no* quiere (intromisiones en la vida personal, consejos), y después de muchos malentendidos han llegado a tratarse cada vez más como iguales. Es evidente que, a medida que Kitty lograba éxitos en la relación con sus padres, su sentido de sí misma se fortalecía. Y al solidificarse su sentido de identidad, la necesidad de protegerse por medio de la resistencia ha disminuido. Ahora mantiene una relación distinta y me informa que su resistencia ante las expectativas legítimas de su novio es muy baja. Ceder ya no es tan "peligroso" como pensaba. Con el nuevo sentido de sí que le permite decir "esto es lo que soy y éstas son las cosas que quiero y las que no quiero", Kitty ya no se siente tan vulnerable ni teme ser avasallada.

Poco a poco, la creciente conciencia de cuáles son las cosas que "quiere" hacer —algo ignorado durante tanto tiempo— ayudará a tener un sentido más sólido de uno mismo. El trabajo no parecerá tan pesado. Dejaremos de sentirnos víctimas sin voluntad. Desplegaremos más energía y creatividad en las actividades. Preguntémonos constantemente: "¿Qué *quiero?*" ante las cosas más insignificantes. No puedo garantizar que se obtenga una respuesta clara, pero es sorprendente la frecuencia con que empezará a suceder, si se practica.

6
Demasiado prudentes

*De todas las formas de prudencia,
la cautela en el amor es tal vez la más
mortífera para la verdadera felicidad.*

BERTRAND RUSSELL,
The Conquest of Happiness

No es sorprendente que muchos obsesivos sean demasiado "prudentes". Por lo menos, los obsesivos están atentos a lo que podría ir mal en la vida. Inconscientemente anhelan protegerse contra todo riesgo potencial, y ese deseo es comprensible. Pero los obsesivos parecen mucho más ciegos que otras personas a los inconvenientes de la excesiva "protección". Y siempre hay inconvenientes.

Es loable, por ejemplo, guardar un grado de mesura en los gastos, pero economizar cuesta tiempo y energía, que se dedican a comparar precios aun para los objetos menores, y también cuesta los placeres dejados de lado porque son "demasiado frívolos", la generosidad que no se expresa porque el que economiza "no puede permitirse" compartir.

Del mismo modo, la confianza en sí mismo es una buena cualidad. Pero a algunos obsesivos les molesta tanto la idea de depender de alguien que defienden ferozmente su autonomía. Suelen ser incapaces de delegar trabajo, y por lo tanto dedican tiempo y esfuerzo a hacer lo que otra persona podría llevar a cabo con la misma eficiencia.

Aún más perniciosas son las consecuencias de ser demasido reservado emocionalmente. Esta tendencia puede hacer imposibles las relaciones mutuamente satisfactorias. La necesidad de retraerse frente a los demás hace que uno se sienta constantemente contenido y tenso; o peor aún, puede suceder que se

129

sienta solo en el mundo, aislado, un extraño adonde quiera que vaya. La sensación de que nadie lo conoce, de que nadie lo quiere, es una penosa y triste carga.

PREVENCION CONTRA LA INTIMIDAD

Examinemos primero qué razones puede tener alguien para eludir la intimidad emocional con los demás.

Los seres humanos son criaturas sociales, que valoran y buscan un sentido de conexión con sus semejantes, durante toda la vida. Algunos terapeutas sostienen que este impulso humano hacia la comunicación surge, en parte, de un anhelo de restablecer el vínculo infantil con la madre, que "lee" instantáneamente las necesidades del niño y las satisface. Quizá vincularse a otros sea también una manera de trascender nuestra condición de seres mortales, nuestra finitud. Es indudable que la experiencia de la intimidad abre una vía a sentimientos de incomparable realización espiritual. Pero la intimidad tiene también otras consecuencias, que muchos obsesivos encuentran temibles.

El miedo de ser descubierto

En primer lugar, mientras más íntimo se es con alguien, más probable es que el otro conozca todos los aspectos de nuestra personalidad, tanto los rasgos "buenos" como los que nos parecen feos y hasta vergonzosos. Marvin, financiero próspero, no tenía problemas para ganarse la admiración de cuantos le conocían. Pero mantenía a sus amigos, a sus conocidos y hasta a sus amantes a una distancia cuidadosamente controlada. "Tengo miedo de que me conozcan bien", admitió en una sesión de terapia. "Me siento un impostor, pienso que la gente descubrirá lo insignificante que soy bajo toda esa simulación, se disgustará y me rechazará."

Marvin percibía una disparidad entre su persona pública y su yo interior, y eso lo impulsaba a hacer cosas que le provocaban angustia. Anhelaba intimar con su novia, pero constantemente ponía obstáculos a esa intimidad. A menudo era petulante con ella, hacía comentarios irónicos en los momentos más serios y no le permitía acceder a sus sentimientos. "Debo de tener miedo de algo, porque siempre trato de alejarla", confesó. "Tengo miedo de que alguna vez vea más allá de la imagen que proyecto, y entonces deje de quererme. Ella no conoce mis cualidades negativas, por ejemplo, no sabe que soy muy inseguro." Tanto con su novia como con otras personas, Marvin se sentía obligado a no exponerse, a estar siempre un paso más adelante. "Yo tengo que ser el primero en entrar, en salir, en rechazarlos", confesó.

Muchos obsesivos albergan esos temores a ser "descubiertos". No se trata de que sus virtudes públicas no sean "reales". La mayoría de estas personas *son* verdaderamente honestas, consideradas, escrupulosas, esforzadas. Por lo general estas admirables características constituyen una buena parte de su verdadera personalidad.

Pero ya tempranamente, en la infancia, muchos empiezan a percibir estos aspectos desde una perspectiva poco favorable. Se trata casi siempre de rasgos que los miembros de la familia no valoran o simplemente menosprecian: la agresividad, por ejemplo, o la volubilidad en las relaciones amorosas. Poco a poco estos rasgos son reprimidos o dejados de lado a favor de otras características más "aceptables". Con el tiempo, el obsesivo llega a identificarse con una serie de rasgos muy diferentes de los reprimidos, se enorgullece de ellos y en la madurez se encuentra absolutamente ajeno a todo objetivo o impulso que choque con los comportamientos aprobados. Por lo general los obsesivos ya no tienen conciencia de que una parte de ellos mismos exige ser atendida o de que siente odio.

Si bien muchos obsesivos suelen no tener una clara conciencia de *lo que* están escondiendo (de ellos mismos y de los demás), sienten que *algo* terriblemente inaceptable acecha bajo la superficie, algo que puede ser "descubierto" por quienes se acerquen lo suficiente para verlo. Algunos temen que ese "algo" indefinido constate que son fundamentalmente "malos" o "perversos". Otros, como Marvin, tienen miedo de que se des-

131

cubran ciertas debilidades específicas (como la inseguridad) que desmientan la imagen de perfección que propenden. Algunos obsesivos me han dicho: "Por dentro no soy *nada*". O incompetente, o aburrido, o estereotipado. Muchas personas verdaderamente brillantes y realizadas se consideran simples impostores que se las han arreglado hasta ese momento para engañar a todo el mundo, pero que corren un peligro constante de que se descubra su falta de inteligencia, lo que constituye una expectativa apabullante.

Invariablemente, los rasgos repudiados son *cualidades humanas normales*. Pero invariablemente la persona los "siente" —oscura y vagamente— como algo malo, despreciable. Aquí, el proceso mismo de ocultamiento adquiere vida propia. La exposición en sí parece mucho más repugnante que lo que podría ser expuesto.

Miedo a confiar

Para muchos obsesivos, otro obstáculo en el proceso de intimar es su dificultad para confiar. Temen que los demás los defrauden.

Uno de mis pacientes, llamado Elliot, me confesó que no conocía a nadie en quien pudiera confiar lo suficiente como para hablar francamente de sus sentimientos.

—Sí, hablo con mi familia —dijo—. Pero aun con ellos soy reacio a confiarme demasiado. Pienso que si digo algo revelador, después lo usarán contra mí.

—¿Cómo lo usarían contra usted? —pregunté.

—Podrían ridiculizarme. Yo reacciono con violencia cuando se burlan de mí, y por eso a veces insisten en molestarme y en burlarse.

De la misma manera que no quería ser blanco de las bromas. Elliot detestaba ser "manipulado", preocupación que parecía echar raíces en la infancia.

—Siempre percibí intenciones ocultas en mis padres. Me parecía que querían que me comportara de cierta manera, o que decidiera, por ejemplo, qué sería en el futuro. Querían que hiciera lo que ellos querían —agregó.

Estas percepciones habían mermado su confianza en sus padres y, por ende, en todos los demás. Elliot hacía una excepción en el caso de un profesional a quien consideraba su maestro y con quien había trabajado varios años. Pues cuando este hombre encomendó un proyecto, por cierto importante, a un empleado nuevo, Elliot se sintió hundir.

—Trabajé para ese tipo más que para nadie en toda mi vida —confesó, el rostro descompuesto en una mueca de pesar—. Ha sido muy injusto encomendarle ese trabajo a una persona nueva. Me sentí tan furioso, tan impotente, tan incapaz de protegerme...

Su habitual "protección" contra el sufrimiento —el cinismo y la cautela— no había servido de nada en este caso.

Si hay un factor aglutinante en la obsesión, es el deseo de eliminar los sentimientos de vulnerabilidad y riesgo, y de lograr en cambio una sensación de seguridad. Es comprensible, entonces, que la confianza sea un artículo escaso entre los obsesivos. La confianza es un impulso de la fe que nos hace vulnerables —a la traición, la explotación, la incompetencia, el azar, lo inesperado—, un impulso que significa desviarse del camino más seguro.

Para protegerse contra la vulnerabilidad de la confianza, los obsesivos tienden a ser cautelosos. Dudan de la honestidad y la medida de las personas, desconfían de sus intenciones. Dudan de que los otros se preocupen por ellos tanto como dicen, y de que vayan a seguir preocupándose en el futuro. Dudan de que sus amigos o colegas hagan lo que dicen, y del momento en que lo prometieron.

Anhelan ser capaces de depositar una fe absoluta en su médico, su abogado o su asesor financiero, pero aun a su pesar dudan de la competencia, el interés y las intenciones de esas personas.

La angustia de ser traicionados aterroriza tanto a algunos obsesivos que no pueden permitirse ser vulnerables a ella. A veces esta cautela persiste muchos años después de haber entablado una relación íntima, como el matrimonio, aunque el cónyuge haya demostrado ser digno de una confianza total. He aquí un ejemplo: tras veinte años de matrimonio, Kyle y su esposa discuten todavía la dificultad de que él exprese su amor por ella. "Hace veinte años que está resentida", me dijo Kyle. "Dice que es imposible tener una comunicación íntima conmigo, que no quiero expresar mi cariño ni ponerme en evidencia con ella con ningún otro sentimiento."

Kyle reconoció conmigo que nunca había sido una persona confiada, y que su suspicacia se intensificó porque había expuesto muchas veces sus sentimientos y había sido defraudado siempre. "Esas personas me traicionaron, repitieron confidencias, me colocaron en situaciones difíciles", afirmó. Pero cuando le pregunté cuántas veces su esposa había revelado sus confidencias a alguien en todos aquellos años, confesó que no había sucedido nunca. Le pregunté si alguna vez había hecho ella algo para que él dudara seriamente de su cariño, y admitió que no. No obstante, Kyle seguía sintiéndose amenazado por la idea de "abrirse" a su esposa.

Miedo a la dependencia

La intimidad proyecta otra amenaza, además del miedo a la exposición y el miedo a confiar. Mientras más íntimamente se vincula una persona a otra, más la necesita. Y esto pone nerviosos a los obsesivos.

Muchas veces veo desplegarse este proceso en la terapia. Cuando algunos pacientes empiezan a intimar conmigo, suelen criticarme o critican la terapia. A veces anulan sesiones o dan por concluida la terapia. Aunque muchos no reconocen lo que subyace bajo su comportamiento, otros suelen admitirlo: "No quiero empezar a confiar en usted", dicen, por ejemplo.

Parte de su temor es que pueda abusar de ellos o traicionarlos. Pero hay otro aspecto de la dependencia que también perturba a muchos obsesivos. La dependencia exige cierto sacrificio de autonomía, cierta pérdida del control sobre la propia vida. Un paciente lo expresó así: "Cuando dependes de otro, pierdes la fuerza. Pero uno tiene que ser su propia fuerza, tiene que controlar su vida; si no, no sobrevive". En otras palabras: la dependencia, como la confianza, genera vulnerabilidad. Además, el pensamiento extremista del obsesivo alimenta la amenaza percibida en *cualquier grado* de dependencia. ¿Y si esto conduce a más y más dependencia?, piensa. Inconscientemente, el obsesivo tiene miedo de perder su capacidad de autosuficiencia. Estas personas tratan de confiar en los demás lo menos posible.

MANTENER LAS DISTANCIAS

Para protegerse de la vulnerabilidad que genera la intimidad, muchos obsesivos huyen de ella en diversas formas. En primer lugar, tratan de darles a las otras personas el mayor espacio físico posible. Rara vez se acercan a su interlocutor cuando están conversando. Algunos hasta evitan el contacto visual, sobre todo cuando la conversación se hace personal.

Algunos me han contando que se sienten atrapados o al borde de la asfixia si su compañera o compañero de lecho duerme demasiado cerca. Una paciente confesó que no se sentía totalmente cómoda cuando su marido la abrazaba. "Tengo miedo de que él se acerque demasiado y le disguste algo, quizás el olor, o la piel. Pienso que no estoy a la altura de sus expectativas." Para algunos obsesivos, la aversión a ser tocados es tan fuerte que los lleva a rehuir las visitas al médico o al fisioterapeuta. Es obvio que la ansiedad ante el contacto físico perjudica seriamente las relaciones sexuales.

Muchos obsesivos participan entusiastamente en la mecánica del sexo, pero evitan el contacto emocional en la intimidad física. Por ejemplo, Kevin, un bibliotecario de treinta años, se quejaba de que él y su esposa no tenían relaciones sexuales frecuentemente. Muchos factores contribuían a producir esa situación, pero él destacaba importante una discrepancia en lo que cada uno esperaba de la relación sexual. "A mí me gusta el encuentro apasionado, frenético", decía Kevin. "Ella, en cambio, encuentra más sensual la manera sentimental, cariñosa, de hacer el amor. Y yo no quiero hacerlo a su manera." A Kevin demostrar amor o afecto por su esposa en la relación sexual lo habría hecho sentirse incómodo.

Las múltiples manifestaciones de la reserva emocional

Los sentimientos compartidos acercan a las personas. A la inversa, esconder las emociones es una de las peores maneras de interponer distancia; y los obsesivos se retraen emocionalmente en diversas formas.

La formalidad de las maneras y cierta afectación eran características personales de Drake, un ingeniero de veintiséis años que se sentía frustrado por su incapacidad para mantener una relación amorosa. Drake confesó que su insensibilidad frente a los apremios de interés de las mujeres le había costado varios fracasos. "No capto las indirectas, es como si estuviera anestesiado. Y a veces las capto, pero actúo como si no me hubiera dado cuenta." Advertir una insinuación y responder lo expondría a la posibilidad de un rechazo. Además, la idea de iniciar una conquista lo perturba, porque esa conducta entra en contradicción con la actitud desdeñosa que Drake valora en sí mismo. No obstante, llegó a comprender hasta qué punto lo estaba perjudicando su insensatez.

Wanda, una enfermera, se manifestaba en las reuniones del grupo de terapia como una persona extravertida, siempre dispuesta a prestar ayuda. Pero cuando los demás la interrogaban acerca de *sus* sentimientos, ella invariablemente respondía con generalidades o hablaba de problemas que había tenido y había resuelto. Un día otras dos personas del grupo la confrontaron con su sutil forma de reserva. "Eres vaga", le dijo una. "Reflejas lo que los demás dicen, pero no te manifiestas ni expresas tus propios sentimientos." Otra agregó que conocía a Wanda menos que a cualquier otro miembro del grupo. Finalmente Wanda reconoció la verdad de las acusaciones. "Tengo miedo", dijo, echándose a llorar. "Tengo miedo de que alguien se acerque demasiado, y no le guste lo que ve en mi interior."

Algunos obsesivos emocionalmente cautos parecen arrogantes o "estirados", fachada de la que sólo toman conciencia cuando alguna persona que los conoce les revela que fue ésa su primera impresión. Con frecuencia el obsesivo se sorprende ante tal revelación; la verdad es que en los encuentros iniciales cree no haber sido arrogante, sino más bien *ansioso*, con miedo de ser humillado o rechazado por haber cometido una *gaffe*. Pero su actitud fría y distante es tomada por presunción o soberbia.

Otros obsesivos son amables y carismáticos, pero hay momentos en que mantienen a distancia a sus más íntimos amigos. Recuerdo a Linda, que fue asistente de un atractivo y popular productor de televisión durante mucho tiempo. A Linda le gustaba su trabajo y estaba acostumbrada a pasar largas jornadas con John. A lo largo de los años compartieron alegrías y sinsabores y, al parecer, se conocían a fondo. Sin embargo, Linda me confió que no consideraba a John un amigo. "Me encanta, y creo que me quiere", dijo. "En el trabajo nos entendemos de maravilla, pero fuera de la oficina una parte de él parece desconfiar de mí. Después de todos estos años, creo que no lo conozco realmente."

Reserva

A veces, los esfuerzos que hace una persona para mantener la distancia emocional le dan un aire reservado. Esa actitud puede ser obvia, como pasa en el siguiente diálogo entre una madre y su hijo adolescente:

—¿Cómo estás, hijo?
—Bien.
—¿Alguna novedad?
—Ninguna.
—¿Cómo va el campeonato de fútbol?
—Bien.
—¿Sales siempre con Joanne?
—¡Mamá!

Los obsesivos suelen ocultar también otras cosas, además de sus sentimientos. Una paciente me contó que era reacia a recibir gente en casa, porque su hogar era una parte de ella que no quería que vieran los demás. Hay obsesivos que esconden sus opiniones o no comentan con nadie cuánto ganan ni cuánto gastan. Algunos pacientes dicen que les mortifica que sus vecinos observen sus idas y venidas, o que no querrían ser famosos por la inevitable pérdida de intimidad que acarrea la fama.

La intimidad es sumamente valorada por los obsesivos. La mayoría de los pacientes ocultan que realizan terapia. Y una vez en la relación terapéutica, les incomoda hablar de cosas personales, que consideran exclusivamente "asunto suyo".

La necesidad de estar solo

Explicaba anteriormente que algunos obsesivos tienen miedo de depender emocionalmente de los demás. Como "solución", tratan de ser autosuficientes, algunos hasta el extremo de ignorar una necesidad emocional con los seres queridos.

Margaret, por ejemplo, era incapaz de decirle a su esposo, Jim, cuánto lo echaba en falta cuando la llamaba por teléfono en un viaje de negocios. Cuando le pregunté por qué era tan difícil aquello, me respondió que no le gustaba sentirse dependiente de nadie. Tras una indagación más profunda, admitió que tenía miedo de que la abandonaran. Mientras luchaba por encontrar las palabras para explicar ese miedo, le vino de pronto a la mente un episodio que había sucedido su primer día de clase.

"Ese día alguien me llevó a la escuela, pero cuando salí no había nadie esperándome para llevarme a casa. Recuerdo que salí de la escuela y busqué a mamá, o a alguien. ¡No había nadie! Por fin me fui a casa de un amigo de mis padres, llorando."

Esa no fue la única vez que le fallaron sus padres y Margaret se convenció de que no podía contar con ellos. Sin embargo, anhelaba tanto su amor que les dio oportunidad de disipar sus dolorosas dudas una y otra vez. Pero cada vez que confiaba en ellos, la decepcionaban amargamente. Una vez adulta, la necesidad de evitar una dependencia similar y la consiguiente decepción la llevaron a poner distancia no sólo con sus amigos y compañeros sino también con Jim. Se sentía sola y deseaba intimidad, pero pensaba que no podía arriesgarse.

Las personas que temen la dependencia son sumamente reacias a pedirles a sus amigos o a sus seres queridos compañía, afecto, relación sexual o apoyo emocional. Cuando interrogo a los pacientes sobre esta reticencia, siempre hablan orgullosamente de su autosuficiencia. Pero después surgen explicaciones adicionales.

Piensan, por ejemplo, que si alguien los quiere *verdaderamente*, debería saber lo que necesitan y brindarlo sin que se lo pidieran. Así, tener que pedir se convierte en la prueba de que no son amados. Además, no quieren privar al otro de la oportunidad de actuar espontáneamente. "Nunca sabré si lo habrían ofrecido por iniciativa propia", piensa el obsesivo cada vez que pide algo y se lo conceden. "Como he tenido que pedir, no sé si lo están haciendo porque me quieren o sólo porque se sienten obligados."

Pedir implica además otros riesgos. El obsesivo teme que la otra parte sientan un desprecio oculto por la "debilidad" que revela la petición. Y lo que es peor, la petición puede ser rechazada, un desenlace que sería demoledor para el obsesivo. En primer lugar, confirmaría sus dudas acerca del afecto que le profesa la otra persona. Y en segundo lugar, pondría en evidencia con dolorosa claridad los límites del control del obsesivo. También en este caso la vulnerabilidad es demasiado grande.

Varios de estos factores intervenían en la situación —sumamente común— relatada por Vivian. Aunque tenía una relación amorosa con Ben desde hacía varios años, ella no podía tomar la iniciativa para hacer el amor. Cierto día comentó lo que había pensado en una ocasión en que no hicieron el amor durante dos semanas.

"Los dos estábamos exhaustos, habíamos trabajado mucho. Pero creo también que existe una humillación. Tengo la fantasía de que una persona sexualmente atractiva no tiene necesidad de pedir, y que si pido estoy confirmando que no soy atractiva. Además, tengo la sensación de ceder, entregarme y subordinarme si tomo la iniciativa. Se trata, en parte, de un problema de confianza: interiormente, Ben puede reírse de mi insinuación. Y si me dijera que no, me quedaría deshecha pensando que ya no le gusto."

Algunos obsesivos evitan hasta pedir ayuda. Creen, por ejemplo, que son ellos los que tienen que reparar cualquier cosa que se rompa o deje de funcionar en la casa. O insisten en rellenar personalmente los formularios fiscales, porque si no lo hacen se olvidarán o "perderán el rastro" de los asuntos financieros. Agnes, de treinta y cinco años, dueña de un pequeño negocio, no podía decidirse a contratar a un gerente administrativo, aunque lo necesitaba, y tenía que trabajar en exceso para cubrir ella sola los asuntos de la firma. "Tengo miedo de perder el control", me dijo. "Mi instinto básico es no depender de nadie." La profundización del tema reveló que ésta era una racionalización del miedo de Agnes a que el empleado se hiciera indispensable mientras ella iba olvidando las tareas administrativas del negocio. Si sucedía así, se sentiría terriblemente vulnerable: una súbita renuncia del secretario, por ejemplo, significaría un desastre.

Muchos obsesivos detestan tomar medicamentos. Primero, ven en la necesidad de las drogas el reconocimiento de que ya carecen de cierto grado de control. Y segundo, temen volverse adictos y tener dificultades para dejarlas.

En sus formas extremas, la autosuficiencia compulsiva puede hacer que la persona oponga resistencia a los bienes materiales. Bennett, un oficinista de veinticinco años, se jactaba de que tenía tan pocas cosas que podía empacarlo todo y mudarse en una hora. "No me gusta necesitar nada ni a nadie", declaraba.

Suspicacia

En realidad, Bennett no estaba solo. Vivía con su novia, pero le atribuía unas segundas intenciones, lo cual socavaba los sentimientos que le profesaba. "Es que me pregunto si de lo que se trata es que no quiera quedarse sola el resto de su vida", decía Bennett. "También se me ocurre que sólo piensa que me quiere. Su amor propio es muy débil, de modo que, ¿cómo puede amar a alguien? Estoy siempre como un detective, buscando el significado que se esconde detrás de cada cosa que dice."

Las sospechas de este tipo están directamente relacionadas con el miedo a confiar. A los obsesivos les resulta difícil aceptar que, simplemente, los aman; se dedican, en cambio, a tratar de averiguar qué provecho piensa sacar de la relación su pareja. Tampoco pueden aceptar la idea de que alguien que los quiere hoy seguirá queriéndolos en el futuro. Son cautelosos con lo que dicen, no quieren revelar nada por miedo de que esa información pueda ser usada en su contra en el futuro.

Los pacientes obsesivos dudan incluso de mis intenciones. Cuando exploro sus pensamientos y sentimientos, les parece que estoy criticándolos, demostrando mi superioridad o señalando sus defectos, y con frecuencia se ponen a la defensiva. Se debe muchas veces a que sus padres han sido críticos o severos y ellos me perciben —a través del proceso de transferencia— en un rol similar.

Pero los obsesivos no sólo temen ser engañados en las relaciones personales. Hace poco escuché por casualidad una conversación que es un ejemplo gráfico de esto mismo. En un negocio de fotografía, un cliente le preguntaba a la empleada cómo iba a procesar los negativos. ¿Y si a él no le gustaba el resultado?, preguntaba. ¿Ofrecía la casa garantía? ¿Quién juzgaría si la calidad de las copias era buena, y con qué criterios? Insistía con preguntas cada vez más inoportunas; su miedo de ser "engañado" le hacía olvidar que había una fila de personas detrás de él, exasperadas y atónitas ante la escena.

PRUDENCIA CON EL DINERO

He descubierto que muchos obsesivos tienen miedo de ser estafados económicamente, y que éste es uno de los componentes de la tendencia general a ser cautelosos y hasta mezquinos con el dinero. La frugalidad puede asumir diversas formas, como las siguientes:

- Resistencia a gastar en nada que no sea una necesidad inmediata.
- La necesidad de comprar siempre más barato, sin tener en cuenta el tiempo y el esfuerzo invertidos en comparar precios.
- Renuencia a revelar cuánto se ha gastado en algo: bien porque alguien podría pensar que el comprador fue "engañado", bien para no dar la impresión de tener dinero y una vida fácil, o parecer extravagante.
- Negarse a prestar dinero a los amigos o conocidos; si se presta, mantener una actitud vigilante en espera de la devolución (aunque esa actitud se quede en la mente).
- Sentimientos de ultraje si algún producto o servicio adquirido tiene defectos o no funciona.
- Enorgullecerse de hacer durar las posesiones materiales.

Otras manifestaciones —además del miedo a ser estafado— explican la tendencia de los obsesivos a ser mezquinos o cautelosos con el dinero. Mucha gente aprende tempranamente, en la infancia, que ahorrar es una virtud, y a veces la asocian con otras características "buenas", como la abnegación y la postergación de los placeres inmediatos en aras de una recompensa a largo plazo. Otros factores posibles son considerar que todo gasto frívolo es tabú, y alimentar el temor (perfeccionista) de hacer una mala compra. Además, los obsesivos, con su tendencia a proyectar todo hacia el futuro, tienen clara conciencia de que el dinero gastado hoy no estará disponible mañana (cuando podría, quizá, ser más necesario).

PREVENCION CONTRA LA ESPONTANEIDAD

Otra forma de prudencia o prevención en las relaciones personales es la incapacidad de actuar espontáneamente. Espontaneidad es, por definición, ausencia de planificación, y esto constituye un anatema para los obsesivos. "No sé *cómo* afrontar los riesgos", explicó Jim, un hombre de cincuenta años. "Antes de hacer algo lo analizo desde todos los ángulos. Antes de comprar, averiguo los precios en cinco o seis lugares. Intento pensarlo todo, para saber qué hacer, pase lo que pase. No me gusta ponerme en situaciones donde no lleve el control; no puedo *ser*."

Muchos obsesivos prefieren seguir las normas establecidas, en lugar de arriesgarse a ser criticados, humillados o ridiculizados por decir o hacer algo "incorrecto". En la infancia suelen tener fama de ser más maduros y serios que sus padres. Rara vez hacen tonterías o travesuras.

Cuando no hay guías de conducta, los obsesivos se sienten incómodos. Muchos se quejan de no ser capaces de mantener una conversación intrascendente, y evitan las fiestas por ese motivo. Eligen las palabras cuidadosamente, y aun sus charlas casuales parecen responder a un libreto. Una paciente declaró que la charla espontánea la asustaba por la posibilidad "de que salieran a luz ciertos sentimientos verdaderos", sentimientos de debilidad, por ejemplo. Me contaba que nunca hablaba por teléfono con su madre irreflexivamente. Tenía que planear cada palabra, en un intento, casi siempre en vano, de bloquear las invariables críticas de su madre.

BAJAR LA GUARDIA

Aunque la mayoría de los obsesivos tienen dificultades para confiar en otras personas, depender de ellas o revelarles intimidades, ninguno evita totalmente estas cosas. La vida moderna nos obliga a todos —por capaces que seamos— a depender unos de otros para satisfacer ciertas necesidades como son alimentación, salud y educación. Algunas dependencias son tan inevitables y rutinarias (como por ejemplo, abrir el grifo y saber que saldrá agua) que la mayoría de las personas, obsesivos incluidos, no piensan demasiado en eso. Pero cuando las circunstancias nos obligan a reconocer la dependencia en un terreno diferente (consultar al médico o pedir asesoramiento a un contable) podemos sentirnos ansiosos. También es incómodo que se abra inadvertidamente una zona reservada: por ejemplo, cuando un sentimiento habitualmente reprimido, como la ira, sale a la superficie de pronto.

Si un obsesivo reservado decide depositar su confianza en alguien que después lo traiciona, esa traición puede resultar aniquiladora. Meredith tardó un año en confiar en la relación y asumir un compromiso mayor con su novio. Pero no bien hubo decidido que podía confiar en él, el joven le espetó la noticia de que se iba a vivir a otra ciudad para cambiar de empleo. Aquella noche Meredith sufrió un clásico ataque de pánico. "Me desperté aterrorizada. Mi corazón latía con violencia, no podía volver a dormirme. Me sentía químicamente alterada. ¡Era algo tan espantoso!", me dijo. "Sentía como si una parte de mi ser hubiera sido destruida. Me cuesta asegurarme de que no seré defraudada, de que no me equivocaré y tomaré una decisión equivocada. Nunca pensé que me traicionaría. Pero ahora ni siquiera puedo creer que me quiere." Pasaron semanas antes de que la ansiedad de Meredith disminuyera, pero su relación se deshizo.

Los obsesivos recelosos ven en *toda* traición a su confianza una prueba concluyente de que su prevención original era justificada. "Si tengo un amigo y lo sorprendo aunque sólo sea en una mentira inocente, inmediatamente pienso: '¡Ah! Ha mentido; eso *demuestra* que no puedo confiar en él'. Someto a mis íntimos a pautas exageradas. Un amigo mío tiene que ser digno de confianza en un ciento por ciento; si no, pienso que no puedo confiar en él *en absoluto*."

COMO SER MENOS PRECAVIDOS

Ser menos precavido, cauteloso o receloso no es algo que pueda lograr uno solo, en la intimidad. Pese a todo el dolor que puede causar, una pauta de precaución con los demás es sumamente difícil de modificar, y ese cambio debe tener lugar dentro de las relaciones vivas.

- Hay que tener presente que nadie ni nada puede ser digno de confianza en un ciento por ciento. Hay personas

—menos obsesivas— que lo comprenden y aun así consiguen confiar en los demás y establecer una dependencia mutua. ¿Acaso alguien cree que eso se debe a que los otros no son tan inteligentes como uno mismo y no ven los riesgos ni evalúan los peligros? ¿Que algún día lo lamentarán? Pues bien, no se trata de que aquellas personas no *tengan en cuenta* los riesgos de abrirse a los demás. Por el contrario, lo que sucede es que saben que las mejores cosas de la vida como la compenetración y la intimidad con otras personas merece que se corran esos riesgos.

- No se deje llevar por su tendencia a pensar en blanco y negro, a desarrollar un pensamiento extremista. Nadie está sugiriendo que se hagan confidencias íntimas al primer desconocido que se cruce en el camino. Una dosis razonable de discreción proporcionará *cierta* protección contra la posibilidad de ser zaherido, rechazado o engañado. Pero en caso de reserva y precaución hay un término medio posible, y la gente que lo encuentra se siente menos sola y aislada que aquellos que llevan unas armaduras demasiado gruesas y sólidas.

- Trate de ser consciente de que es probable que su comportamiento cauteloso y reservado sea el que *causa* el rechazo, el aislamiento y el desamor que tanto se temen. Es posible que los demás interpreten mal la prevención, tomándola como una ofensa y la sensación de que se quiere guardar las distancias.

- Hace falta ser paciente y decidido para superar la prudencia excesiva. Prepárese para que los cambios se produzcan lentamente. En las terapias individual y de grupo, los pacientes precavidos inician este proceso torpemente, revelando sus emociones en un momento de "debilidad". Casi siempre se sienten humillados y asustados. A veces lloran. Pero después se dan cuenta de que nadie los rechaza. El mundo sigue andando. En realidad, los demás miembros del grupo, al ver lo difícil que les resulta comunicarse a estas personas, suelen responder con especial simpatía y afecto. Y con el tiempo, la persona reservada puede empezar, poco a poco, a mostrar el verdadero ser que se esconde bajo la fachada, a expresar sus sentimientos y pensamientos más espontáneos. Y muchas veces, este individuo experimenta por primera vez lo que es sentirse realmente comprendido y querido; cosa que antes no le parecía posible.

Bert, por ejemplo, les pareció a los compañeros de grupo de la terapia una persona cerebral y carente de sentimientos, de manera que estaban siempre irritados con él. Bert me había confesado, en privado, que necesitaba ser aceptado y estimado por el grupo, y para lograrlo reprimía toda su competitividad, ira, envidia y hostilidad.

Finalmente llegó a comprender hasta qué punto su excesiva reserva, en vez de protegerlo, lo indisponía con los demás y perjudicaba la relación con su novia. Por último, se permitió descubrir plenamente sus sentimientos y expresarlos de inmediato, aunque pudieran herir o intimidar al grupo. Al principio, tal como había previsto, tuvo manifestaciones airadas y hostiles que molestaron mucho a los receptores. A veces, sus compañeros de terapia le respondían de la misma manera. Pero siguieron tratándose, incluso más que antes. Les parecía que empezaban a entablar una verdadera relación con Bert, y casi todos opinaron que estaba muy bien. Bert, por su parte, no salía de su asombro al ver que nadie lo rechazaba.

A medida que pasaba el tiempo, los sentimientos que surgían de Bert eran cada vez más benévolos: afecto hacia los demás, expresiones directas de miedos y dudas. Entonces empezó a percibir en los otros simpatía, cariño, benevolencia, y no animosidad y rechazo. Finalmente llegó a ser un miembro del grupo vital y comprometido, y experimentó cambios similares fuera de la terapia. Era *él* quien amablemente instaba a expresarse a los miembros del grupo que tenían dificultades. Decía que se sentía defraudado cuando sus compañeros eludían una posibilidad de vulnerabilidad, y manifestaba sin rodeos su deseo de entablar una relación más íntima cuando su interlocutor del momento ponía distancia.

Bert consiguió transferir a otras relaciones lo que había aprendido en el grupo. Su novia, sobre todo, se sorprendió de la mejoría de su relación a medida que Bert se expresaba y compartía sus sentimientos con ella. Este ha sido uno de los pacientes más reservados que he tratado, pero la comprensión de lo que estaba costándole esa cualidad y la decisión de no seguir renunciando le permitieron rehacer su vida.

7
El adicto a pensar:
preocupación, divagación y dudas

> *Me atormentan las dudas. ¿Y si todo*
> *es una ilusión y nada existe? En ese*
> *caso, decididamente he pagado caras*
> *las alfombras.*
>
> WOODY ALLEN
> Without Feathers

Imagínese uno mismo pedaleando por el carril de bicicletas que corre junto a la autopista, en plena campiña. El sol de la mañana entibia la tierra y flores coloridas perfuman el aire. Pero en este rústico ambiente una corriente de tráfico circula por la carretera. A veces se cruza uno con un tractor que recorre el campo vecino, y el ruido lo ensordece. Pasan veloces automóviles y el zumbido de los motores se percibe hasta que el vehículo se pierde a lo lejos. El camino está libre unos breves momentos; entonces uno se embebe de brisa, escucha el canto de los pájaros y se deleita con la fuerza de sus músculos y la sensación de movimiento y esfuerzo.

Para muchos obsesivos, la vida se parece a este viaje por el camino. Una continua corriente de preocupaciones y pensamientos penosos les distrae de las alegrías de la vida. En cierto sentido, estas personas *piensan demasiado*: les resulta casi imposible interrumpir el flujo de observación, análisis y reflexión. "Mi mente es una máquina de preocupaciones", decía una mujer. "A veces les doy vueltas y más vueltas a todos los aspectos posibles de un problema, y después me digo: 'Basta ya', e intento pensar en algo más agradable. Pero, al cabo de unos minutos, mi mente vuelve a las preocupaciones. Preocuparme

149

es algo tan automático como respirar, algo que mi mente hace constantemente, pase lo que pase."

La preocupación y la divagación contienen pocas virtudes. Una vez que ha sucedido algo malo, cavilar sobre lo mismo sólo sirve para prolongar el dolor. Y la preocupación es igualmente perniciosa. Si lo que se teme que suceda no acontece, se habrá sufrido innecesariamente. Y si la desgracia ocurre, será tan irritante o avasalladora como lo hubiera sido si se hubiera dedicado más tiempo a la diversión y menos a las preocupaciones. Las preocupaciones son un intento de intercambiar el sufrimiento por la leve esperanza de sentirse menos afectado si acontece lo temido.

EL ASPECTO COGNITIVO DEL OBSESIVO

Teniendo en cuenta las desdichadas consecuencias que acarrea, ¿por qué muchos obsesivos dedican tanto tiempo a preocuparse y divagar? Un elemento que los predispone a hacerlo es el aspecto cognitivo.

Cognición es un término general que se refiere a nuestros procesos intelectuales: prestar atención, pensar, recordar, calcular, etc. Los *aspectos cognitivos* definen el tipo de cosas que atraen nuestra atención, de qué manera les prestamos atención y cómo "registramos" las percepciones y pensamientos.

El lema cognitivo de los obsesivos podría ser: "Observar, Comprender, Recordar". Ellos escudriñan profundamente el mundo que los rodea, dirigiendo su atención como un reflector bien enfocado. Típicamente, leen u observan como si fuera importante comprender y recordar cada detalle y no formarse simplemente una impresión general. Dan la impresión de escuchar más atentamente y de concentrarse con mayor intensidad que los demás. Es como si el obsesivo creyera que en algún momento necesitará toda la información que recoge.

Comparemos este aspecto con otro muy diferente, que suele ser propio de la gente que tienen una necesidad imperiosa de ser amada o de vincularse a sus semejantes. Estas personas se ponen en contacto con el mundo de una manera muy relajada, pasiva, casi al azar. Armonizan antes con las *emociones* generadas por sus experiencias que con la *información* que contienen, y recuerdan fácilmente los sentimientos pero tienen mala memoria para los hechos. Ello provoca que estos individuos sean considerados erróneamente muchas veces poco inteligentes, por los demás y hasta por ellos mismos. Las personas de este tipo afirman que tienen poco sentido de la orientación, pero la verdadera razón de que sean incapaces de encontrar, por ejemplo, el camino de vuelta, es que mientras hacían el viaje de ida su pensamiento no se desenvolvía a la manera de los obsesivos. Estaban, más bien, *experimentando* el viaje: el paisaje, la conversación, la música de la radio del automóvil. La mayoría de los obsesivos, en cambio, toman la precaución de hacer un mapa mental del recorrido, para tener la certeza de que volverán a su hogar sanos y salvos.

Muchos obsesivos se sienten impulsados a adquirir una detallada información sobre todo aquello que podría afectar su bienestar inmediato y sobre otras cosas que nada tienen que ver con su vida cotidiana. Este interés surge en parte de un genuino placer de aprender, de un deseo de ser considerados personas cultas, de la necesidad de almacenar datos que algún día servirán para algo, pero también de la ilusoria sensación de control que acompaña al conocimiento.

Tal vez este impulso de saber y recordarlo todo esté vinculado a la conocida minuciosidad de los obsesivos. Muchos obsesivos centran su atención en los detalles, a expensas del "cuadro general", y observan dificultades para establecer prioridades entre sus percepciones. Si se les administra un test de Rorschach, por ejemplo, es posible que adviertan en las manchas de tinta mil pequeñas ideas que otras personas pasan por alto a favor de una impresión general. Los obsesivos necesitan explicar el significado de todos los aspectos de la mancha, del mismo modo que suelen sentirse obligados a explicar todo lo que perciben y experimentan. Los cabos sueltos —fragmentos de información dispares y mezclados, hechos impredecibles, extravagancias— les resultan inquietantes porque sugieren el caos, la némesis del obsesivo. Para sentir que tienen el control, los obsesivos deben hacer encajar sus percepciones y experiencias en un todo general.

Hay además otra razón, más simple, para esta búsqueda de comprensión. Los obsesivos se esfuerzan por recordar todos los datos que han adquirido (y de hecho, muchos tienen una memoria sorprendente para los hechos y las trivialidades). Las percepciones que han sido clasificadas y organizadas en conceptos son mucho más fáciles de recordar que los hechos y datos inconexos.

Consecuentes con todo esto, los obsesivos tienden a ser pensadores sistemáticos, que instantánea y automáticamente clasifican y analizan la información que adquieren asiduamente. Una paciente lo expresó así: "Por supuesto que tengo sentimientos, pero soy fundamentalmente una persona 'mental' ". La necesidad constante de analizar cuanto le sucede, en vez de experimentarlo, le permite mantener sus sentimientos bajo control.

Lo que subyace en el aspecto cognitivo

Varios factores subyacen en el aspecto cognitivo del obsesivo. Hay diferencias constitucionales —una cuestión de "circuitos" o de bioquímica— que pueden predisponer a ciertos individuos a percibir los detalles o recordar los hechos.

Además, este aspecto favorece ciertas dinámicas centrales de los obsesivos, como vigilancia, minuciosidad y perfeccionismo. Si se tiene una necesidad constante de evitar riesgos o sorpresas, una atención activa y concentrada, que permita mantenerse activo y alerta, vendrá bien. Asimismo, si la visión del mundo (inconsciente) es que la seguridad y el control de la vida dependen de la captación del universo, uno se esforzará por observar, comprender y recordar todo lo que pueda. Se mantendrá alerta y vigilante, tratando siempre de prever los problemas y esforzándose por recordar nombres, fechas, hechos y opiniones.

El dominio intelectual de la vida crea en el obsesivo una sensación de calma y tiene el efecto secundario de ganarle el respeto y la admiración de aquellos que lo encuentran brillante y competente. También tiene valor práctico. La atención firme y sostenida, por ejemplo, puede mejorar significativamente la capacidad para dominar las destrezas más diversas, desde tocar el violín hasta programar una computadora. La preocupación por los detalles es una ventaja para cualquiera, ya sea detective o corrector de pruebas, y una buena memoria para los hechos le será útil en muchos contextos.

Lamentablemente, algunas de estas pautas cognitivas pueden crear problemas. Combinadas con rigidez y tendencia al "orden mental" pueden generar ceguera para las ideas nuevas. (Examinaremos este problema más detalladamente en el próximo capítulo.) Asimismo, ciertas actividades (como criar niños o escuchar música) están reñidas con el análisis objetivo y la excesiva preocupación por los detalles. Estos rasgos pueden bloquear el conocimiento intuitivo o inhibir la capacidad de captar el panorama general de las cosas.

Un vívido ejemplo de esto mismo fue el caso de Charles, un paciente que era médico y acababa de aprobar el examen oral para diplomarse en la especialidad. Una fase de la prueba requería que evaluara el estado de un hombre que había perdido el habla. Charles examinó al paciente y después presentó al tribunal sus observaciones, que abarcaban muchos detalles; hasta cubrió sin dificultades ciertas cuestiones poco conocidas. No obstante, no hizo mención alguna de la profunda cicatriz que desfiguraba la sien izquierda del afásico (consecuencia de un grave accidente que, casi con certeza, había *causado* la afasia del hombre). Desde luego, Charles *había* captado la importancia de la cicatriz, pero estaba tan ansioso por demostrar su dominio de los detalles neurológicos del caso que olvidó mencionarla.

LA TIERRA YERMA DE LA PREOCUPACION

La tenacidad mental puede conducir a trampas diversas. Si resulta difícil cambiar de idea, casi con seguridad aquejan la preocupación, la cavilación y las dudas.

La tierra yerma sesgada por la preocupación es territorio familiar para la mayoría de los obsesivos. Entiendo por preocupación el pensar reiteradamente en un problema inmediato, o futuro, *de una manera que no conduce a la solución*. La preocupación es improductiva por definición y parece tener vida propia.

Casi todas las personas tienen preocupaciones, al menos ocasionalmente, y esto es normal. Si un hijo tiene una enfermedad grave, por ejemplo, o si un incidente internacional proyecta sobre la humanidad el fantasma de la guerra nuclear, la preocupación es una respuesta adecuada, aunque se comprenda que no afectará el resultado.

Pero los obsesivos se preocupan *constantemente*. A veces, su conciencia está invadida por aprensiones específicas; en otras ocasiones, la preocupación asume la forma de una presencia vaga pero premonitoria, que invade sutilmente al individuo mientras realiza sus tareas cotidianas. Una de mis pacientes lo formuló así: "Puede ser un hermoso día, pero si estoy preocupada, todo se ensombrece. Es como si la preocupación tapara el sol".

Los pacientes obsesivos se preocupan prácticamente por todo, pero entre los temas más frecuentes figuran los siguientes:

- Actividades cotidianas: "¿Podré sacar adelante mi proyecto? ¿El restaurante olvidará la reserva? ¿Tendré comida suficiente para todos los invitados esta noche?".
- Preocupaciones físicas: "¿Estaré enfermo? ¿Tendré un accidente en la carretera?".
- Dinero: "¿Cómo pagaré las deudas? ¿Y mi futuro? ¿Qué pasará si quiebra el mercado? ¿Estaré manejando correctamente el dinero?".
- Seres queridos: "Mis hijos se fueron de campamento; ¿tendrán un accidente? ¿y si a mi marido le da un ataque cardíaco?".

Si bien éstos son algunos de los temas más comunes, los individuos que sufren de preocupación constante tienen un repertorio inagotable. Una mujer de negocios me dijo:

—Envidio a la gente que no se preocupa tanto. Yo estoy

siempre preocupada. Hago una vida muy activa, y tengo que pensar en mil cosas. Esta noche, por ejemplo, voy a un club de lectura; no he terminado de leer el libro y estoy preocupada porque pienso que los demás me juzgarán irresponsable o poco inteligente. Viene a buscarme una amiga para que comamos algo y vayamos después juntas, y me preocupa que la casa esté tan desordenada.

—¿Y cómo se siente usted cuando está preocupada?

—¡Mal, muy mal!

—Entonces, ¿por qué se preocupa tanto?

—En el trabajo, por ejemplo, me parece que si me preocupo por las cosas seré más eficiente.

—¿Ah, sí? Cuénteme algo más sobre ese punto.

—Bueno, exactamente no es la preocupación lo que me ayuda, sino *tener conciencia* de todo. Eso sí, casi nunca puedo evitar preocuparme, es algo que no controlo. Si tengo una cita, pienso que a lo mejor sucede algo imprevisto: miro constantemente el reloj y me aflijo porque puedo llegar tarde, o demasiado temprano. Me preocupo pensando que la persona con la que me voy a encontrar no esté bien conmigo, o que tiraré algo mientras tomamos el té, o que no voy bien vestida. A veces tengo miedo de quedarme sin nafta.

—¿Alguna vez se ha quedado sin nafta?

—Nunca —respondió, sonriendo tímidamente.

Como si la preocupación crónica no fuese ya suficientemente penosa, la tendencia a pensar en términos de todo o nada lleva a muchos obsesivos a prever el peor desenlace posible en todas las situaciones. Marcia, una crítica musical de veintinueve años, describió así esta experiencia tan común: "Si advierto una mancha rara en mi piel, en seguida pienso: '¿Tendré cáncer?'. Y me invaden el espanto y el horror de lo que sentiría si ya se hubiera diagnosticado, y una parte de mi mente se anticipa y piensa en la intervención quirúrgica, en lo doloroso que debe de ser morir de cáncer de piel. O si mi marido llega a casa media hora más tarde que de costumbre, mi mente elige invariablemente la peor posibilidad para explicar su tardanza. Pienso, por ejemplo: '¿Y si tuvo un accidente de automóvil y está muerto?' ".

Las cosas más horribles que les suceden a los obsesivos casi siempre tienen lugar sólo en sus mentes.

LA DIVAGACION: UN REGUSTO AMARGO

Hay otra pauta de pensamiento —levemente diferente pero igualmente penosa—, conocida como divagación. La divagación es el pensamiento improductivo, constante o repetitivo, sobre cierto acontecimiento o experiencia *del pasado*. La persona puede cavilar sobre sus propios errores o transgresiones, o sobre los de otro.

Una maestra de poco más de treinta años, Kristen, se sintió desolada porque un compañero no la invitó a salir después de haber demostrado interés por ella.

"No puedo sacármelo de la cabeza", me dijo. "Me pongo a recordar una y otra vez las conversaciones que tuvimos. Sé que no debería sentirme rechazada y me da un poco de vergüenza preocuparme tanto por ese episodio, pero al mismo tiempo algo en mí no quiere ceder. Es como si pensar en lo que pasó pudiera ayudarme a manejar mejor mis cosas en el futuro."

Kenneth, un médico de cuarenta años, se alteró tanto a causa de un automóvil de segunda mano que, contrariando sus hábitos, había comprado en un impulso, que se deprimió y finalmente llegó a la conclusión de que no podría dormir tranquilo mientras siguiera teniéndolo. Aunque funcionaba perfectamente, Kenneth lo revisó centímetro a centímetro, buscando los fallos y preocupándose por lo que haría si se descomponía. Pero su mayor sufrimiento era consecuencia del arrepentimiento que sentía por haber hecho la adquisición. El siempre se había reído de las personas que compran automóviles de segunda mano; entonces, ¿qué lo había impulsado a comprar uno? Kenneth caviló tanto sobre esa "mala decisión" que se sentía exhausto y no podía concentrarse en su trabajo.

Algunos pacientes cavilan sobre incidentes que son insignificantes para todo el mundo menos para ellos. Aún me parece oír el pesar en la voz de Matthew, por ejemplo, cuando me contó que vivía reprochándose haber perdido una pelota en un partido de béisbol que había tenido lugar con ocasión de un picnic de la compañía, meses atrás. Matthew siempre se había enorgullecido de su destreza para los deportes, y hasta había soñado con ser jugador profesional. En el pasado, aunque sus ventas no fueran muy brillantes, su actuación en el equipo de béisbol de la empresa le ganaba la admiración de todos sus colegas. Haber perdido la pelota en aquel partido, durante el picnic, le hizo sentir —en aquel instante— que de pronto ahora lo veían como a alguien del montón y no como a una estrella deportiva, y ese fracaso ardía en su memoria, aunque sus colegas ni siquiera lo habían notado.

Al igual que la preocupación patológica, la divagación patológica va más allá de lo normal, excede al remordimiento o la ira comprensibles después de un acontecimiento desafortunado. Y así como la preocupación es una hipertrofia del nivel normal de vigilancia, la divagación es una variante exagerada de la saludable capacidad de recordar las experiencias desagradables o perjudiciales, a fin de no repetirlas.

ENSIMISMAMIENTO Y DUDAS

Hay dos trampas, relacionadas con la preocupación y la divagación, que acechan a los obsesivos: la tendencia a estar absorto, ensimismado, y la tendencia a dudar.

Estar ensimismado significa, simplemente, no prestar una atención total a lo que se tiene entre manos, debido a que otra cuestión domina nuestra mente. La preocupación y la cavilación son formas del ensimismamiento, pero no son las únicas; los pensamientos inoportunos no se refieren necesariamente a un "problema", pasado o futuro. Consideremos, por ejemplo, el caso de una mujer cuyos pensamientos la llevan constantemente al programa de actividades del día siguiente, mientras está haciendo el amor con su marido. Tal vez no esté *preocupada* por lo que tiene que hacer, pero piensa en eso en un momento inadecuado. Pero cuando esos pensamientos la distraen, es obvio que no puede concentrarse en lo que está haciendo, ya sea amar a su marido, mantener una entrevista profesional o leerle un cuento a su hijo.

Dudar —no estar seguro de algo— puede ensombrecer la visión de la vida. Muchos obsesivos dudan de su propio criterio o desempeño, como también de la honestidad, capacidad o escrupulosidad de los demás. Algunos son pesimistas profundos y tratan de prevenir constantemente la posibilidad de fracaso o decepción. Como ya he explicado, esto suele darles una ilusión de control, ya que prever un hecho negativo supone que habían evaluado la situación correctamente.

Aun cuando lleven la delantera con holgada ventaja, se niegan a confiar en la victoria. Compárese esta actitud con la de la persona no obsesiva quien, cuando está casi segura de algo, siente y se expresa como si estuviera plenamente segura. El obsesivo sigue experimentando y expresando sus dudas hasta que el desenlace se ha producido realmente.

EL ENGAÑOSO ENCANTO DE LA PREOCUPACION Y LA DIVAGACION

Existen poderosas fuerzas subyacentes que hacen que el obsesivo se aferre a estas dolorosas pautas de pensamiento. En primer lugar, la tendencia a la preocupación suele ser un componente central de su amor propio, íntimamente vinculado a otras "buenas" cualidades. Muchos obsesivos asocian la preocupación con la idea de ser una persona seria y escrupulosa, y a cierto nivel consideran irresponsables a las personas despreocupadas.

En segundo lugar, probablemente les parezca que preocuparse les otorga cierto control sobre el objeto de su preocupación, preparándolos mejor para un desenlace afortunado. Tal vez les ayude a descubrir, piensan, la respuesta preventiva que podrían adoptar (para evitar que una fiesta sea un fracaso, o para resguardar a la familia de un altercado violento). Preocuparse puede ser una forma de "prepararse para resistir" desgracias diversas, desde un rechazo amoroso hasta un accidente callejero.

Los obsesivos, pese a que casi siempre son personas educadas e inteligentes, suelen albergar ciertas supersticiones respecto de la preocupación. Si se preocupan pensando que el avión en el que viaja su esposa, por ejemplo, puede estrellarse (así funciona este retorcido "razonamiento"), puede ser que algo impida que eso suceda. Preocuparse activamente demuestra su falta de soberbia, y ya que no dan orgullosamente por sentado que saldrá todo según sus deseos, el Marcador Cósmico no necesita "darles una lección". Como todas las supersticiones, ésta es el intento de experimentar una sensación de control sobre personas y hechos que son esencialmente incontrolables.

Del mismo modo, la cavilación conlleva una sensación de control retroactivo. Al castigarse por haber caído en cierta trampa que podrían haber eludido (aunque no habría sido probable) los obsesivos niegan la aterradora realidad de que los errores son inevitables.

La gente que divaga cree que si piensan mucho en sus errores o en las cosas malas que hicieron o les hicieron, y pueden fijarlo todo en la memoria, podrán estar *seguros* de que no volverá a suceder. Recuerdo a propósito el caso de un paciente que no podía dejar de pensar en la infidelidad de su esposa, años después del episodio. Se torturaba con dolorosas fantasías acerca de la relación sexual de su mujer con el otro, e insistía en que ella le contara los detalles, aunque le resultaran insoportables. No se divorció, pero se aferró ferozmente a su rabia por varias razones, todas de autoprotección. Primero, los sentimientos de ira alejaban cualquier tentación de volver a intimar con su esposa y, por lo tanto, ser vulnerable una vez más. Segundo, su continua recurrencia a las imágenes mentales le daba la certeza de que ya no estaría tan desprevenido (ni quedaría tan abrumado) si su mujer lo traicionaba de nuevo. Y por último, al negarse a olvidar el pasado, mantenía fresca la infidelidad en la mente de su esposa. Creía que sus sentimientos de culpa no sólo la castigaban por su traición sino que también hacían improbable que reincidiera.

En realidad, esta táctica produce el efecto contrario. La incapacidad de perdonar y olvidar provoca resentimiento, en vez de suscitar una respuesta cariñosa y amable. Y éste es sólo uno de los costes acarreados por estas destructivas pautas de pensamiento.

Dado que tanto la preocupación como la divagación son improductivas por definición, ambas malgastan tiempo y energía. El tiempo que se dedica a estas actividades puede invertirse en otra cosa, empezando por concentrarse uno en el trabajo habitual.

La preocupación y la divagación tienen además un precio físico. Suelen provocar insomnio, y algunos médicos creen que los sentimientos de tensión y ansiedad que las acompañan pueden desencadenar (o agudizar) otros problemas, como trastornos cardíacos o úlceras. Además, ambas actividades producen agotamiento mental y disminución de la energía intelectual, y roban tiempo a la diversión y el esparcimiento. Si bien no son actividades físicas, la preocupación y la cavilación son agotadoras.

Pero lo peor es el insensato sufrimiento emocional que se infligen los obsesivos con estos pensamientos. Los obsesivos no pueden disfrutar muchos aspectos agradables de la vida a causa de este hábito. No viven los momentos agradables plenamente —la compañía de la familia y los amigos, la música, la risa—, abrumados por el peso de sus oprimentes pensamientos.

COMO SUPRIMIR LA PREOCUPACION: UN METODO PRACTICO

Si se racionaliza el hábito de divagar o preocuparse echándoles la culpa a los acontecimientos —este o aquel problema profesional, una crisis económica o un disgusto personal— debe uno darse cuenta de que *está engañándose*. Tan pronto un problema ha sido resuelto o superado, habrá otra cosa de qué preocuparse. No importa lo que se gane, y aunque la salud sea buena y el matrimonio feliz, uno siempre se sentirá desdichado.

No son los acontecimientos los que causan la desdicha; *el problema es interior y autogenerado.* Y cambiará sólo cuando se tomen medidas para modificarlo.

Si se es un obsesivo, probablemente se dudará de cambiar las pautas de la "adicción a pensar", tan arraigadas en la personalidad. Pero en este campo estoy en condiciones de ofrecer consejos directos y concretos que —seguidos escrupulosamente— ayudan a superar el problema.

Se trata de una técnica de terapia conductista denominada *suspensión del pensamiento.* Antes de intentarlo, debemos ser capaces de reconocer que la preocupación y las divagaciones son *actos voluntarios.* Los acontecimientos no "hacen" que se preocupe; usted se ha convertido en un obseso. Afortunadamente, con atención concertada y esfuerzo, se puede morigerar esta destructiva pauta de pensamiento.

El primer paso consiste en ser consciente de la tendencia a preocuparse o divagar, siempre que ocurre. Al principio, los pensamientos negativos acudirán automáticamente y costará un rato advertir su presencia. Pero con el tiempo "pescaremos" esos pensamientos cada vez más cerca de su origen. En el momento mismo en que uno se dé cuenta, dígase: "Lo estoy haciendo. Me siento preocupado (o estoy divagando)". Al mismo tiempo, examinemos cómo nos sentimos por causa de estos pensamientos, notemos cómo se contrae el estómago y las mandíbulas empiezan a ponerse tensas. Reconozcamos que el estado emocional es de sufrimiento o incomodidad, y no de alivio o satisfacción. Se advierte que la preocupación o la cavilación impiden entregarse a pensamientos más placenteros o disfrutar del ambiente; se siente cómo se agotan la atención y la energía.

Una vez que se sorprenda divagando, estará preparado para dar el siguiente paso. Busque una banda de goma del tamaño de la muñeca (que no apriete) y póngasela. Úsela constantemente.

Cada vez que se sorprenda cavilando o preocupándose, en vez de prestar atención a lo mal que se siente estire la banda de goma unos tres o cinco centímetros y suéltela, al mismo tiempo que dice "¡Basta!" en voz alta. Si teme que lo oigan, dígalo mentalmente, pero con firmeza. Inspire profundamente, después relájese y deje salir el aire lentamente, mientras piensa: "Preocuparme (o divagar) no me servirá de nada". Luego dirija toda su atención y energía a lo que está haciendo. Algunas personas se entregan a sus cavilaciones en medio de la noche, cuando no tienen otra actividad más útil o placentera que desarrollar. Si es el caso, después de pensar "preocuparme no me servirá de nada" concentre la atención en relajar todos los músculos del cuerpo, y al mismo tiempo imagine que se encuentra en un paraje tranquilo, hermoso, idílico.

Todo este proceso de suspensión del pensamiento no debe requerir más de 15 segundos. Parece un recurso demasiado simple o superficial como para que pueda surtir algún efecto sobre un comportamiento tan arraigado. No lo es. Ha ayudado a mucha gente a procurarse cambios significativos.

Si piensa que la banda elástica llamará la atención desfavorablemente, recuerde que el propósito del ejercicio es ayudarle a poner las cosas en su sitio, para disfrutar más de la vida. Encare el problema de su timidez, otro rasgo perjudicial, con el mismo espíritu de cambio.

Practique el ejercicio durante un mes. Descubrirá que no perjudica su trabajo ni destruye sus relaciones sociales; por el contrario, mejorará ambas cosas. Siga practicando todo el tiempo que sea necesario para adquirir nuevos hábitos. Esto suele prolongarse meses. Sin embargo, varios pacientes me han dicho que después del primer mes ya no necesitan estirar la banda y soltarla, y que sólo al *mirarla* dejaban de divagar.

Ya sea que requiera un mes o alguno más, la recompensa merece el esfuerzo. Uno se sentirá más feliz, más relajado y dispuesto a disfrutar del momento. También notará que mejoran sus relaciones con los demás. Si no se queda empantanado en sus pensamientos negativos, dispondrá de más energía y atención para su familia y los amigos, y ellos lo advertirán y responderán en consecuencia. Se darán cuenta de que está allí y establece más contacto. Disfrutarán de su compañía, lo apreciarán y se comportarán de acuerdo con esos sentimientos.

8
Orden y rigidez

Caer en un hábito es empezar a
dejar de ser.

MIGUEL DE UNAMUNO
El sentimiento trágico de la vida

¿Recuerda usted a Félix Unger, el personaje de *The Odd Couple* (*Una extraña pareja*)? Era un obsesivo típico, tan perfeccionista que Neil Simon, en su obra de teatro, le hace decir: "Me divorcié por causa de la comida. Nunca estaba nada bien... En el momento en que salía ella de la cocina, yo hacía la comida otra vez". Era tan mezquino con el dinero que le obligaba a su esposa a seguirle el rastro a cada centavo; tan cuidadoso y precavido que se dejaba puesto el cinturón de seguridad en el cine al aire libre. Pero sobre todo, Félix era un ejemplo —y cómico— de *orden extremo*. Su pasión por la limpieza y la organización llevó a su esposa a pedir el divorcio, y a su compañero de cuarto al intento de suicidio.

La tendencia de Félix al orden es un ejemplo extremo de una característica personal ponderable. Al igual que Félix, muchos obsesivos tienen una necesidad tan grande de orden que se someten —y someten a los demás— a un estrés indebido. Además, una vez que han establecido cierto orden en su entorno, sus acciones o su pensamiento, son reacios a modificarlo. Se vuelven rígidos, lo que puede llegar a perjudicarlos.

MONSTRUOS DE PULCRITUD

Tengo un amigo que siempre recuerda con cariño una placa que había colgado su madre en la pared de su casa. Rezaba así:

163

"Mi casa es lo bastante limpia para ser saludable, y lo bastante sucia para ser feliz". La advertencia implícita era que la limpieza excesiva no deja lugar a la diversión. Y lo mismo puede decirse de la excesiva pulcritud. "Soy como un gato", me dijo un paciente. "Dedico la mayor parte del tiempo a mantener el orden: asearme, tenerlo todo limpio, pulcro y en buen estado. No me queda mucho tiempo para *vivir*."

Ese paciente se sentía oprimido por la carga que significa mantener un mundo impecable. A otros —todos los Félix Ungers— les gusta limpiar y ordenar, pero involucran a los *demás* en su insistencia. Esta gente no puede resistir el impulso de empezar a lavar la vajilla antes de que termine la fiesta o de reprender a sus hijos por el "desorden" que han armado jugando.

Los "monstruos de pulcritud", como Félix, que no pueden tolerar una mota de polvo ni el menor desorden, existen, pero es habitual que la necesidad de orden de los obsesivos se concentre en ciertas áreas. Un paciente mío, militar retirado, trabajaba como voluntario en una biblioteca que guardaba material relacionado con la historia local, lo cual era su pasión. Dedicó cientos de horas a catalogar y acomodar libros y papeles, y también le gustaba reparar y limpiar los objetos que se encontraban en la sala que albergaba la colección. Este hombre no se esforzaba tanto por limpiar y organizar su propio estudio, en su casa, pero su trabajo voluntario lo absorbía por completo y hasta se irritaba cuando otras personas —incluyendo los directores de la biblioteca— desordenaban algo dentro de su dominio.

Rita no sólo se preocupaba abiertamente por la pulcritud de su entorno sino que era también extremadamente meticulosa con la organización de sus archivos de ordenador. Cuando empezó a escribir un libro pensó que necesitaba imperiosamente un método para encontrar con rapidez cualquier cita que necesitara de su voluminoso material de consulta. Entonces dedicó varios meses a poner en práctica un complejo sistema de referencias cruzadas, que habría dejado atónito a más de un especialista en procesamiento de datos. No obstante, Rita admitió después que casi no había usado el catálogo de referencias cruzadas, y que el tiempo dedicado a la preparación había contribuido a que entregara el libro al editor un año después de lo prometido.

Ordenar, clasificar y organizar son actividades favoritas de los obsesivos. Evidentemente, estas tareas tienen un valor intrínseco: es más fácil encontrar objetos o recuperar determinada información si está todo ordenado. Pero el hábito del orden suele implicar una especie de conciencia simbólica de que es posible ordenar la vida en sus aspectos generales, de que las catástrofes inesperadas pueden ser evitadas.

HACER TODO "EN ORDEN"

Además de organizar su entorno físico, los obsesivos tienden a ser ordenados en sus actividades, realizándolas metódicamente y no al azar. Una persona podría, por ejemplo, seguir determinado plan para las tareas domésticas; o sentarse frente al periódico todos los días a la misma hora, leyendo las secciones en determinada secuencia. Otra podría mantener una rutina de trabajo matinal estricta: contestar primero los mensajes telefónicos y luego iniciar el trabajo, en vez de tratar de decidir día a día qué actividad es más urgente.

Por lo general, ser organizado aumenta la eficiencia, porque permite usar mejor el tiempo. Y cuando los procedimientos se codifican, otras personas pueden repetir esas mismas actividades rápida y correctamente. Y por último, las rutinas (repetición automática de una secuencia de hechos) suelen liberarnos de tener que pensar en las tareas más aburridas. Cepillar los dientes todos los días, por ejemplo, ya no nos cuesta nada.

Pero el deseo de orden del obsesivo surge en parte de su necesidad de perfección, meticulosidad y control. Cuando se da el caso, el orden va más allá de su valor intrínseco y asume proporciones perjudiciales para la persona ordenada.

Hay una escena en la novela de Anne Tyler titulada *The Accidental Tourist* que ilustra muy bien la situación. El protagonista, Macon Leary, quien es "sobre todo... un hombre ordenado", recuerda una ocasión en que llevó al cine a su hijo adolescente, Ethan.

—Ya tengo las entradas —dijo Ethan—. Y abren la puerta dentro de cinco minutos.

—Muy bien —replicó Macon—. Entonces planifiquemos nuestra estrategia.

—¿Estrategia?

—¿Dónde nos sentaremos?

—¡Pero no necesitamos una estrategia para eso!

—Tú me has invitado a ver esta película, Ethan, y he pensado que te interesaría elegir el asiento. He aquí mi plan. Tú vas por la izquierda y yo por la derecha. Ten en cuenta a los niños pequeños.

—Pero, papá...

—¿Es que quieres sentarte al lado de algún chiquillo ruidoso?

—Pues no.

—¿Preferirías el pasillo?

—Me da igual.

—¿En el pasillo, Ethan? ¿O en el medio? Tienes que tener una idea.

—No la tengo.

—¿Entonces el medio?

—No veo la diferencia.

—Pero Ethan, hay una gran diferencia. Junto al pasillo, puedes salir en cualquier momento, por ejemplo, si quieres comprar chocolate o ir al baño. Por otra parte, cada uno que quiera pasar te molestará. De modo que si crees que no te moverás de tu asiento, yo sugeriría...

—¡Oh, papá, por amor de Dios! —exclamó Ethan.

La insistencia de Macon en "organizar" la salida al cine, su imposición de planificarlo todo, transforma la diversión en algo serio, en algo muy parecido a un trabajo.

El maestro o el conferenciante que se sienten obligados a presentar el material organizado en una forma escrupulosamente lógica corren el riesgo de aburrir a la audiencia; el orden excesivo excluye el humor, la espontaneidad y la improvisación. Otra desventaja del exceso de orden es que a veces requiere más tiempo y esfuerzo del que la tarea requiere.

DEMASIADA RIGIDEZ

El mayor peligro de la pasión por el orden se presenta cuando se combina con otro rasgo típico de los obsesivos: la resistencia al cambio, la rigidez. Este matrimonio entre el orden y la rigidez está bien ilustrado en un paciente llamado Tim. Partidario entusiasta del aerobismo, Tim corría por lo menos cuatro veces a la semana, siguiendo la misma ruta y durante el mismo tiempo. En determinado momento me confesó que estaba aburrido de aquella rutina, pero que como se sentía cómodo con ella no había pensado en dejarla. "Sé exactamente a dónde voy", dijo. "Y además, dedico exactamente el tiempo previsto."

Tim siguió arguyendo razones, pero cuando le sugería una solución adecuada a cada problema y él la desechaba, se ponía en evidencia que el hecho de mantener el orden se había convertido en un imperativo. La rutina había adquirido vida propia. Había llegado a ser la manera "correcta" de hacer las cosas, y cualquier desviación le molestaba, como si se estuviera violando una norma.

Esclavo de la rutina

Tim estaba amarrado a la noria: había contraído un hábito tan fuerte que se resistía a desviarse, aunque sabía que le convenía hacerlo, y aunque había *planeado* hacerlo. Los obsesivos son notablemente propensos a las rutinas. Se deslizan en una pauta de comportamiento inflexible, y eso les acontece a veces gradualmente, otras veces con una rapidez sorprendente. Uno de mis pacientes me confesó que iba siempre al mismo peluquero —el primero que encontró cuando llegó a la ciudad— aunque sabía que había otros mejores y más baratos. Una estudiante, Norma, se dio cuenta de que si dedicaba determinado tiempo a preparar una clase, después pensaba que tenía que hacer lo mismo para la siguiente, aunque no fuera necesario. Cuando esa rigidez se combinó con el pensamiento de tipo todo-o-nada, las cosas empeoraron. "Cada vez que salgo de la

167

rutina me siento mal, como si lo confundiera todo y ya no valiera la pena estudiar", dijo. "Y después me cuesta volver a empezar."

Los hábitos rígidos contienen numerosas desventajas. En primer lugar, se pierden oportunidades valiosas. Recuerdo que el gran pianista Vladimir Horowitz declaró que le encantaban los buenos restaurantes pero que siempre pedía el mismo menú: sopa, lenguado con patatas hervidas, espárragos a la vinagreta y flan. Imagínese los platos que se perdió: carnes, salsas, comida china.

Incorporar inflexiblemente un rutina, somete a la persona rutinaria y a quienes la rodean a una innecesaria tensión. Así lo observé en Eleanor, un ama de casa que mantenía en el hogar un orden impecable y supeditaba las tareas domésticas a un programa fijo. Por ejemplo: le gustaba lavar la ropa antes de las once de la mañana. Servía las comidas todos los días a la misma hora, y si la familia se retrasaba algunos minutos en sentarse a la mesa, se sentía ofendida, aunque la espera no perjudicara el menú. Siempre apurada, Eleanor mantenía habitualmente un gesto adusto. Le molestaba cualquier interrupción: la llamada telefónica de un pariente, la insistencia de sus hijos para que los llevara a la plaza. Todo le parecía una intrusión que podía alterar su agenda.

Pero sobre todo, las rutinas son aburridas. Comer todos los días el mismo bocadillo en el mismo bar; ir al cine los sábados por la noche; hacer el amor en la misma posición: puede ser que estos hábitos ahorren riesgo y esfuerzo, pero también despojan a la vida de su color y espontaneidad.

Cuando las circunstancias o los demás *obligan* al obsesivo rutinario a cambiar la pauta, se siente irritado o ansioso. Cuando me trasladé a otro despacho, una paciente, Muriel, criticó las instalaciones y al nuevo emplazamiento, aunque a ella le resultaba más cómodo ir allí. Cuando la interrogué admitió que el traslado la había molestado.

—¿Sabe por qué la molestó?

—Estaba acostumbrada al otro sitio. Me sentía cómoda allí. Cambiar es como ir en un bote y hacerlo tambalear, y yo tengo una inclinación natural a no hacer eso.

Otro paciente, un eminente abogado, tenía el hábito de abrir la correspondencia no bien llegaba a su casa, y cubría de inmediato los gastos pendientes. Me explicó que sabía por experiencia que si no hacía esto nada más llegar a casa, dejaba las facturas en cualquier sitio y después se olvidaba de pagarlas. Una tarde volvió a casa con su esposa y un grupo de amigos. El correo estaba sobre la mesa y él se empecinó en revisarlo, según su rutina. "Martha insistió en que debía dejar el correo y servir un trago a los invitados", dijo. "Terminamos discutiendo por ese motivo. Finalmente pude tranquilizarla, pero yo me quedé sumamente irritado."

Esclavo de "las normas"

Otra manera destacada que tienen los obsesivos de ponerse demasiado rígidos es remitirse a reglamentaciones o autoridades externas. Normas, reglamentaciones, códigos éticos, procedimientos escritos, todo contribuye a organizar y simplificar nuestras complejas relaciones humanas. Pero cuando esas guías asumen vida propia y se convierten en algo más importante que las razones por las que se las instituyó, suelen ser más destructivas que útiles.

Algunos obsesivos se sienten obligados a seguir, por ejemplo, una receta de cocina al pie de la letra, aunque algún ingrediente difícil pueda ser reemplazado por otro más común. Y cuando se ven obligados a desviarse de las instrucciones, se manifiestan disconformes con el resultado, por exquisito que haya resultado el plato. Hay otras personas que desprecian el consejo del "experto" aunque existan buenas razones para tenerlo en cuenta. Una paciente, por ejemplo, prolongó un medicamento nuevo el fin de semana, a pesar de que le había producido indeseables efectos secundarios. Después dijo que no había querido "molestarme". Sin embargo, yo ya le había recomendado que me llamara ante cualquier síntoma.

Adam, que tiene siete años, siente un respeto tan profundo por las normas que sus padres tienen que llamarle la atención reiteradamente. Hace poco me hicieron el siguiente relato de una salida de domingo con su hijo.

"Primero insistió en que saliéramos muy temprano, para llegar a tiempo al partido que íbamos a ver. Mientras esperábamos a que empezara, vimos a unos amigos que se acercaron y ocuparon unos asientos vacíos detrás de nosotros. Cuando empezó el espectáculo se quedaron allí, y Adam estuvo *preocupado* todo el rato porque pensaba que los ocupantes de los asientos llegarían y 'pescarían' a nuestros amigos en sus sitios. Nos costó convencerlo de que aunque así fuese, no pasaría nada. Después del partido fuimos a dar una vuelta en tiovivo y Adam, ya instalado, empezó a buscar con la vista al hombre que recogía las entradas. Como las calesa empezó a moverse y él todavía no había entregado su boleto, se puso visiblemente tenso. También entonces tuvimos que decirle que se relajara, que si aquel hombre lo pasaba por alto, no era el fin del mundo."

Quizás Adam tenga que luchar algún día contra el impulso de enrolarse en las filas de los celosos custodios de las reglas. Todos conocemos a esa gente: el burócrata que insiste en seguir cada uno de los "procedimientos" aunque algunos sean ridículos, o el funcionario de un hospital que exige la respuesta a un montón de preguntas y rellena los formularios antes que el paciente reciba atención médica. Una paciente llamada Karen se quejó de que su padre tenía esa mentalidad. "Cuando tenía yo siete años, la norma era que debía irme a la cama a las 8.30 de la noche. ¡Y era inflexible! Me mandaba a dormir aunque tuviéramos visitas, niños de mi edad. Decía que yo necesitaba dormir, que al día siguiente estaría destrozada si me acostaba tarde. El resultado era que me quedaba despierta durante horas, odiándolo."

EL ORDEN Y LA RIGIDEZ MENTALES

Otra forma de orden propia de las personas obsesivas es una suerte de prolijidad *mental*. Pese a su ilimitada capacidad de duda, la mayoría de los obsesivos anhelan un "ordenamiento" claro de sus distintas experiencias. Desean entenderlo todo a fondo; las ambigüedades de la vida les causan irritación e impaciencia. Algunos se sienten inquietos y hasta fastidiados si no comprenden cada uno de los detalles de una película o de una conferencia, y centran su atención en eso, con exclusión de los aspectos más agradables del tema. A muchos les gusta más leer una biografía o un libro técnico que algo más abstracto, como la poesía. Los amigos y los cónyuges de los obsesivos siempre dicen que son "analíticos".

Tal como sucede con otros aspectos de la tendencia al orden, la capacidad de organización mental —distribuir los bloques de datos en las categorías a las que "pertenecen"— es algo que tiene un valor evidente para la supervivencia. Pero igualmente eficaz para navegar seguro por la vida es la capacidad de modificar las propias ideas y opiniones cuando cambian las condiciones o se dispone de nueva información. Y es en este punto donde los obsesivos encuentran dificultades. Están afectados por una rigidez mental que les hace difícil revisar los pensamientos y las opiniones aun cuando les convendría hacerlo.

Un ejemplo común de la influencia de la rigidez mental es el de una persona que pierde su lista de compras y pasa más tiempo buscándola que el que necesitaría para escribir una nueva.

En su forma más virulenta, el pensar rígido se manifiesta como obcecación, estrechez de miras, resistencia al progreso y al crecimiento. Un día tuve una conversación con Harold, un inspector de correos, de cuarenta y siete años, quien declaró:

—Siempre evito a los neoyorquinos. No puedo aguantarlos.

—¿Qué es lo que no le gusta? —pregunté yo.

—Son arrogantes, agresivos, insensibles. Mi primo Jim es un buen ejemplo.

— Pero usted me ha contado que su amigo Fred también es de Nueva York...

—Sí. ¿Y qué?

—Usted me ha dicho que lo quiere mucho, que es bueno y sensible.

—¡Sí que lo es!

—Entonces, ¿algunos neoyorquinos no son tan malos?

—Pero son condenadamente arrogantes y agresivos...

La conversación con una persona así puede llegar a ser

frustrante. Cuando hablo con Harold tengo la impresión de que no me escucha. Y en cierto sentido así es, porque escuchar mi punto de vista sería una amenaza para él. Aunque sospecha que su comprensión de un tema no es correcta, se resiste a considerar otro punto de vista. En primer lugar, reconocer los méritos de otra opinión parecería admitir el error, y les daría a los demás la impresión de que no está seguro de sí mismo. Y además, ¿qué pasaría si no entendiera la nueva versión? Y por más que la entendiera y concordara con ella, no podría adoptarla sin cambiar su sistema de creencias, sistema del que depende para mantener un sentimiento de calma y control.

Aunque el tema en cuestión no sea demasiado significativo (por ejemplo, sus sentimientos de antipatía hacia los neoyorquinos), es simbólicamente importante. Tener una comprensión sólida de las cosas favorece su ilusión de tener el control. En cierta forma, comprender la vida equivale a controlarla. Si, por otra parte, sus ideas sobre cualquier tema insignificante necesitan revisión, ¿hasta dónde puede llegar la cosa? ¿Qué otras ideas familiares son erróneas? ¿Habrá alguna que no lo es? Los obsesivos mentalmente rígidos tienen un miedo subyacente de estar al borde de la pérdida del control, sin nada más a qué aferrarse.

La rigidez mental no siempre asume formas extremas, como en el caso de Harold, pero es una desventaja. Coarta la creatividad, como le sucedía a Lena, una arquitecta de treinta y cinco años. "Cuando todavía estaba estudiando y empecé a trabajar en proyectos de diseño, me di cuenta de que una vez que encontraba un enfoque, me resistía a considerar otras soluciones. Defendía a ultranza la primera idea. Me costó tiempo comprender que podía generar *varias* ideas nuevas. Con cierta dificultad, he aprendido a no aferrarme demasiado a ninguna idea, al menos al comienzo de un trabajo. He descubierto que si me vinculo emocionalmente a una idea, cierro la mente a otras posibilidades, aunque tenga que reconocer que la primera idea era errónea."

Por último, el pensamiento rígido suele asumir la forma de expectativa rígida. Cuando las cosas no van exactamente como el obsesivo esperaba, tienden a reaccionar con una decepción desproporcionada y hasta con ira. Jill, un agente de viajes de veintiséis años, me proporcionó el siguiente ejemplo, hablando de su marido:

"Si Bill dice que va a guisar pollo para cenar, y después me sorprende con lasagna, es como si me echaran un jarro de agua fría. No es que la lasagna no me guste, pero *contaba con* comer pollo. Me siento decepcionada y me enfado si no veo lo que esperaba."

Llevar a cabo algo que se ha propuesto hacer es una fuerte motivación para una persona obsesiva, aun cuando la situación exija o aconseje que cambie de planes. Jill me dijo: "Si decido pasar una tarde de domingo haciendo cosas en casa, y por la mañana me llaman unos amigos para invitarme a salir, mi primera reacción es decir que ya tengo un compromiso. Después me fastidia haberme perdido una salida divertida, pero una vez que he resuelto hacer algo me resulta difícil cambiar".

HACIA UN ORDEN MAS FLEXIBLE

Es muy probable que uno no se considere una persona excesivamente ordenada o rígida. Casi nadie lo piensa. No obstante, examine detenidamente las siguientes preguntas:

- ¿Sus sugerencias de orden y pulcritud hacen que sus familiares se sientan tensos o inhibidos en su presencia?
- ¿Sus hijos se sienten presionados (por usted) para hacer cada cosa de determinado modo?
- En el trabajo, ¿su resistencia a nuevas ideas o métodos ha inhibido su desarrollo o ha perjudicado el desarrollo de su trabajo?
- ¿Le resulta difícil disfrutar de una visita inesperada o de la llamada de un familiar o un amigo, porque ya había pensado hacer otra cosa a esa hora?
- ¿Le gustaría ser más espontáneo?
- ¿Le cuesta empezar a trabajar o irse a dormir si la casa o el estudio no están meticulosamente ordenados?

- ¿Se irrita cuando una contingencia interrumpe su rutina?
- Mantener las cosas extremadamente organizadas requiere tiempo. ¿Su necesidad de pulcritud y orden contribuye a que se sienta sobrecargado de trabajo?
- ¿Su tendencia a seguir rutinas hace que muchos aspectos de su vida, como hacer el amor, comer u ocupar los fines de semana, sean aburridos y previsibles?
- ¿Le gustaría ser más creativo?
- ¿Se encuentra cada vez más alejado de las nuevas ideas sociales y políticas, la música o la moda, porque entran en conflicto con lo que eran antes?

El orden excesivo y la rigidez pueden manifestarse de diversas maneras. Si se pueden identificar las dificultades que están ocasionando estos rasgos de la personalidad ya se está en camino de una mejora.

Sorpréndase acomodando, organizando, limpiando o archivando más allá de lo que es necesario o práctico. Imagine el tictac de un reloj que marca los preciosos segundos de la vida. Sume todos esos momentos malgastados —semanas, meses y hasta años— y piense que podría haberlos pasado desarrollando alguna actividad creativa o productiva, o simplemente divirtiéndose.

Tenga conciencia cada vez que rechaza ideas, sugerencias o actividades espontáneas simplemente porque alteran la rutina. Está pagando caro ese veto automático.

Dése cuenta de hasta qué punto las vacaciones o una salida por la noche se estropean porque las cosas no salen como habían sido planeadas. Obsérvese hacer las mismas cosas del mismo modo una y otra vez, mientras al mismo tiempo anhela frescura, diversión, la creatividad de la vida.

Tome nota de las veces que insiste en que un familiar o un empleado hagan las cosas exactamente como *usted* quiere, y no a su propio modo. Y pregúntese si lograr que se haga como dice justifica el deterioro de esa relación.

No se detenga ahí. En cada caso, pregúntese si sería tan terrible introducir una pequeña modificación. Si modificar levemente sus exigencias no acarreará repercusiones peligrosas, inténtelo. Dudo de que se vuelva un desorganizado o que no pueda funcionar con eficacia por ser un poco menos ordenado o rígido. Es probable que antes sea aún *más* productivo, más creativo, más simpático y relajado; en resumen, más feliz.

9
Demasiado esfuerzo

> *Un hombre que ama la vida debe*
> *cuidar celosamente los escasos y exqui-*
> *sitos momentos de ocio que tiene... Las*
> *horas dedicadas a la pesca deben ser*
> *tan sagradas como las horas dedicadas*
> *a los negocios.*
>
> LIN YUTANG
> La importancia de vivir

El trabajo ocupa todos los momentos del día en la escrupulosa agenda de Natalie. Abogada, esta activa y ambiciosa mujer
es fiscal. Se levanta al alba para poder llegar a la oficina a las
7.30, y aprovechar una hora de calma antes de que empiece el
torrente de llamadas y entrevistas que le ocuparán la larga
jornada. Como tiene un hijo de siete años, nunca llega a casa
después de las seis de la tarde, pero le resulta difícil dejar de
pensar en sus asuntos profesionales. Confiesa: "Con demasiada frecuencia estoy absorta, o me irrito por el trabajo que he
dejado pendiente". Después de cenar con la familia, invariablemente trabaja unas horas más. "Durante las audiencias, es la
locura", dice. "Me involucro tanto en los casos importantes que
casi no duermo, y toda mi vida se resiente. Gracias a Dios, estos
períodos no son tan largos." Pero aunque no haya audiencias
ella admite: "Me esfuerzo demasiado. Mi familia quiere que
pase más tiempo con ellos, pero siempre tengo una lista de
cosas que hacer. Hago tres semanas de vacaciones al año, pero
por una cosa o por otra no puedo salir de la ciudad más que unos
pocos días". Aunque su supervisor la ha instado a no esforzarse
tanto, Natalie no puede ni imaginar una reducción de las horas
de trabajo. "Mi trabajo es un torbellino", dice tranquilamente.
"Me devora."

Muchas personas tildarían a Natalie de "adicta al trabajo". Si bien no es un término psiquiátrico, esta palabra recientemente acuñada describe a una persona que tiene la necesidad compulsiva de trabajar. Se aplica a muchos obsesivos. Para ellos, el trabajo representa mucho más que el modo de ganarse la vida; es el eje alrededor del cual gira lo demás.

La adicción al trabajo no consiste sólo en trabajar muchas horas. A nadie se le ocurriría, por ejemplo, llamar adicta al trabajo a una inmigrante necesitada que cose, teje o guisa dieciocho horas diarias. Probablemente esa persona no tiene *necesidad* psicológica de trabajar tanto y es de suponer que si ganara un premio de lotería, trabajaría menos. Por lo tanto, cuando se dice de alguien que es adicto al trabajo se está dando por sentado que trabaja mucho más que lo que las circunstancias o las expectativas de los demás le exigen.

Mi definición de *un adicto al trabajo es alguien que voluntariamente dedica prácticamente todas las horas de vigilia a hacer cualquier trabajo o a pensar en ello* (aunque no se dé cuenta de que sus actos son voluntarios). Esto abarca una amplia gama de comportamientos abiertamente esforzados. Examinemos algunas variedades de adicción al trabajo.

EL ADICTO AL TRABAJO CLASICO

Los adictos al trabajo como Natalie son notables por la cantidad de horas que dedican a su carrera. A veces se autocalifican de adictos al trabajo, pero lo más frecuente es que rechacen el término por parecerles que tiene connotaciones negativas. "Es que trabajo mucho", dicen, y a veces agregan que el trabajo es lo más importante de sus vidas.

Algunos adictos trabajan sesenta, setenta y hasta ochenta horas semanales, pero no necesariamente pasan todo el tiempo en la oficina, el estudio o la fábrica. Con la incorporación a la vida cotidiana de los ordenadores personales, el teléfono en el automóvil y las máquinas de fax hogareñas, el trabajo ha invadido los tradicionales bastiones del tiempo libre. Muchas tareas pueden hacerse en casa, sin dispositivos de alta tecnología. Kathleen, una conocida agente literaria, sale de su oficina por lo general a las seis de la tarde, pero dedica horas todas las noches y muchos fines de semana a su abrumadora cantidad de lectura: cuatro diarios todos los días, cientos de revistas y periódicos y una enorme pila de manuscritos. "Encuentro muchas ideas buenas en esas lecturas, pero es un verdadero esfuerzo. Ya no puedo leer por placer. Antes, me *encantaba* leer", dice con tristeza. "Ahora es un trabajo, y pesado."

Es habitual en este tipo de personas que, aunque no estén haciendo algo vinculado a su trabajo, se sientan agotadas por pensamientos y preocupaciones respecto de sus responsabilidades profesionales. "Nunca me siento libre", declaró Nora, la directora del laboratorio de patología de un hospital. "Me despierto en medio de la noche y empiezo a pensar en el proyecto que estoy coordinando. Me fastidia porque sé que al día siguiente no estaré totalmente en forma, pero no puedo evitarlo."

"Te sientes acelerado, enganchado, y es difícil cortar", dijo un analista financiero adicto al trabajo. "He aprendido a no acostarme demasiado tarde, digamos después de las diez. Porque, si lo hago, después no puedo dormir y al día siguiente estoy exhausto e irritado."

Algunos adictos al trabajo desean, conscientemente, tener tiempo libre, o se quejan del exceso de trabajo, pero en realidad rechazan las oportunidades de tomarse unas vacaciones o apartarse del trabajo. Incluso anuncian sus planes, pero de pronto se dan cuenta de que se han sumergido otra vez en sus agendas sobrecargadas. Georgia, asesora empresaria, había esperado ansiosamente la baja por maternidad —tres meses— durante todo su primer embarazo. Pero tres semanas después del nacimiento de su hija sufrió un ataque de claustrofobia. "Trabajaba rodeada de gente que dependía de mí, y de pronto lo eché en falta. Me sentí sola." Empezó a aceptar llamadas desde la oficina y pocas semanas después ya trabajaba todos los días. Concertaba entrevistas en casa, y el bebé dormía en la habitación contigua.

En su libro *Work Addiction* [Adicción al trabajo], Bryan E. Robinson confiesa que despreciaba a sus compañeros y los juzgaba unos holgazanes cuando los veía esperar ansiosamente las vacaciones de Navidad u otras festividades. Esos sentimientos de superioridad, aunque a veces están ocultos, son comunes en los adictos al trabajo. O, como en la fábula de la cigarra y la hormiga, el adicto al trabajo considera que las irresponsables cigarras que lo rodean están preparándose para un desastre inevitable.

No obstante, no hay que pensar que si alguien disfruta de sus vacaciones no es un adicto al trabajo. Creo que muchos adictos son capaces de disfrutar de sus vacaciones, una vez que consiguen escapar del trabajo y salir. Escapar es la parte más difícil. Los adictos al trabajo suelen postergar su licencia "hasta el año que viene" o "hasta que resolvamos este problema". Como son grandes racionalizadores, se dicen que "el año que viene tendré más dinero", " no esperaba tanto trabajo", "estaré menos presionado y me divertiré más si espero un poco". No se dan cuenta de que podrían tomar sus días de descanso si consideraran la idea de buena fe.

Cuando el adicto al trabajo no puede trabajar

Cuando alguna circunstancia exterior amenaza con impedirles trabajar, los adictos llegan a extremos ridículos para superar el obstáculo. Durante el apagón de Nueva York en 1977, por ejemplo, cientos de personas acudieron a sus lugares de trabajo a pesar de las exhortaciones de las autoridades de la ciudad a que permanecieran en sus hogares. "Los vi pasearse impacientes frente a sus oficinas, exigiendo que les permitieran entrar, aunque para llegar a sus escritorios tuvieran que subir treinta pisos andando", escribió la psicóloga Marilyn Machlowitz en su estudio de 1980 titulado *Workaholics* [Adictos al trabajo].

Si el obsesivo adicto al trabajo no puede trabajar —por enfermedad, por la pérdida del empleo o por un bloqueo como los que analizamos en el capítulo anterior— su nivel de ansiedad aumenta y su autoimagen se deteriora. Para muchos, su sentido de identidad depende demasiado de su rol profesional, y si no se los considera sobresalientes en su campo piensan que no son *nada*. La consecuencia suele ser una depresión grave.

Los adictos al trabajo y la negación

Algunos de mis pacientes adictos al trabajo reconocen que son ellos quienes se imponen un ritmo frenético. Pero por lo general escucho un discurso diferente: "¡Yo no soy un adicto al trabajo! Desearía tener más tiempo libre, pero siempre estoy abrumado por la cantidad de cosas que tengo que hacer". Como la costurera inmigrante, estas personas afirman que "tienen que trabajar tanto porque si no, perderán el empleo", que sus clientes las necesitan o que tienen que aprovechar determinada oportunidad profesional o económica. ¿Son adictas al trabajo las personas de este tipo?

Eso no es inmediatamente evidente. Según mi definición, la clave es la medida en que la persona está *eligiendo* trabajar demasiado, pese a su negación. Y la cantidad de tiempo que cada persona dedica al trabajo, en comparación con su tiempo libre, depende de muchas variables.

Hay evidencias, por ejemplo, de que *la mayoría* de los norteamericanos trabajan hoy en día más horas que el promedio de hace quince años. En un trabajo de 1989 realizado por el encuestador Louis Harris se indicaba que la cantidad de tiempo libre de que disfruta el norteamericano había disminuido un 37 por ciento desde 1973, mientras que la semana laboral (incluyendo el tiempo de viaje) había pasado de cuarenta y una a cuarenta y siete horas. Las investigaciones demuestran invariablemente que los ejecutivos y los empresarios trabajan aún más, y en algunas empresas la jornada prolongada es un requisito previo para progresar.

A veces una persona no tiene elección posible y debe ceder a presiones de trabajo inusuales, por un período limitado de tiempo. Pienso en el ingeniero de sistemas que debe trabajar ochenta horas a la semana durante la etapa final del lanzamiento de un proyecto importante o en el editor de una publicación periódica que trabaja veinte horas diarias cuando se acerca el momento del cierre.

Evidentemente, puede haber presiones externas que nos impulsan a trabajar demasiado. Pero en algunos individuos, la presión que los impulsa proviene del interior.

Jeffrey, por ejemplo, refunfuñaba constantemente por todo lo que tenía que hacer como editor de un periódico semanal. Durante los días hábiles trabajaba de diez a doce horas en su oficina, y después dedicaba el sábado o el domingo a atender asuntos profesionales. Varias veces por semana organizaba cenas de negocios, e invariablemente almorzaba en su escritorio. Aun en sus horas libres, su mente no se apartaba de algún aspecto de su trabajo. Jeffrey se quejaba con sus amigos de la influencia que tenía sobre su vida social el exceso de trabajo, hasta que llegó a expresar su sufrimiento por la forma en que el trabajo dominaba su vida.

Finalmente, el jefe de Jeffrey se sintió tan preocupado ante la posibilidad de que su mejor empleado cayera enfermo que elaboró un plan según el cual Jeffrey no tendría que ir a la oficina los martes, el día de la semana que registraba menos actividad. Además, insistió en que ese día no trabajara en su casa sino que aprovechara el tiempo para leer, relajarse y recuperarse. En vez de aceptar el ofrecimiento, el empleado puntualizó todo lo que no se haría —o no se haría bien— si se tomaba aquel día libre. Terminó por ceder, pero pocos meses después ya estaba trabajando algunas horas en su "día libre" obligado. Contrariando sus declaraciones, los actos de Jeffrey demostraron que el jefe más exigente era él, y no su superior en el trabajo.

He visto una pauta similar en los pacientes obsesivos. Se quejan de la cantidad de tiempo que les insume el trabajo y de la intolerable presión bajo la cual viven. Hablan de sus exigentes patrones, de la seguridad económica, del deseo de proporcionar a sus familias una vida cómoda. Pero de hecho, cuando investigo un poco la agenda de estos pacientes "sobrecargados de trabajo", invariablemente encuentro zonas en las que *podrían* cambiar sin disminuir su eficiencia. Sin embargo, cuando sugiero supresiones específicas, me bombardean con justificaciones de todo tipo. El adicto al trabajo que lo niega no puede suprimir nada. O al menos eso es lo que dice.

CUANDO SE OCULTA LA ADICCION AL TRABAJO

Muchos obsesivos son también "esforzados" en su tiempo libre. Se sienten obligados a usar productivamente *todo* su tiempo. Por lo general están siempre munidos de listas de cosas que "tienen que hacer" y son más propensos a lamentar lo que no hicieron que a disfrutar de lo que lograron. La idea de perder tiempo los estremece. Aun en sus ratos "libres" sienten que deberían estar haciendo algo, elaborando un proyecto, desarrollando una actividad educativa.

"Nunca me relajo", me dijo Therese tristemente. "Siempre hay algo que hacer. Si no tengo que limpiar la casa, hay que pagar las facturas, o alguna otra cosa. Y si resuelvo descansar, siento que me queda algo por hacer. Me siento perezosa, y en mi mente es muy censurable."

En este punto interrumpí a Therese para comentar lo raro que me parecía todo eso, dado que se desempeñaba muy bien profesionalmente y en su vida privada. Pero ella lo negaba, con cierta coquetería.

"Constantemente tengo la impresión de no estar haciendo todo lo que podría. Tendría que leer más, mantener un contacto más frecuente con mi familia y los amigos. Creo que me paso el cuarenta por ciento del tiempo sintiéndome culpable. Y cuando logro hacer alguna cosa bien, pienso en lo que *no* he hecho. Vivo con la sensación de que hay que estar haciendo algo todo el tiempo. Y cuando no es así, me siento decepcionada de mí misma."

Si bien Therese sólo trabajaba a un ritmo "normal" de cuarenta horas semanales, yo diría que es una "adicta al trabajo oculta". Hay personas que no tienen empleo formal y sin embargo experimentan el mismo impulso de ser productivas constantemente. Claire, por ejemplo, es un ama de casa de cuarenta y ocho años que parece estar constantemente en movimiento. Todos los día dedica muchas horas a limpiar la casa y mantenerla en condiciones; además, practica el efímero arte de preparar postres, tiende la ropa a secar en una cuerda fuera de la casa, y cultiva hierbas y flores que después pone a secar para hacer ramos. Cuando crecieron sus tres hijos, Claire empezó a dedicarse cada vez más a las organizaciones de ayuda, y actualmente el trabajo voluntario consume una parte de su jornada diaria. Si de vez en cuando Claire se toma un respiro para charlar con una vecina, siempre se excusa porque tiene que volver a arreglar su casa, "que estará tan desordenada". Este ritmo se prolonga hasta la noche, cuando a regañadientes deja algo para el día siguiente. Siempre da la impresión de ir retrasada, de no cumplir todas sus obligaciones.

LAS FUERZAS IMPULSORAS

No todo adicto al trabajo es necesariamente un obsesivo. Pero la mayoría de las personas fuertemente obsesivas *son* adictas al trabajo: se sienten impulsadas a trabajar demasiado, debido a sus rasgos obsesivos, incluyendo los siguientes:

La presión del perfeccionismo

La persona que no soporta cometer errores, o que tiene que ser irreprochable, probablemente permanecerá sentada a su escritorio o a su mesa de trabajo, esforzándose por detectar el más mínimo error en lo que hace, para eliminarlo y lograr una tarea perfecta. Lydia, por ejemplo, una agente de viajes de treinta y un años, trabajaba todos los días hasta las 20 o las 21, es decir, dos o tres horas más que sus compañeros. No le pagaban horas extras, pero ella no quería pasar por alto ningún detalle que pudiera mejorar los viajes de sus clientes. Cuando los demás agentes de la firma "no tenían tiempo" para reservar el número de asiento de los viajeros, Lydia conseguía las mejores plazas para sus clientes. También dedicaba horas a controlar las tarifas más baratas.

"No disfruto de tiempo libre", decía Lydia. "Y mi marido hace años que discute conmigo para que llegue a casa más temprano. Me gustaría, desde luego, pero me intereso por mis clientes y tengo que hacer todo lo que pueda por ellos."

Al igual que Lydia, muchos obsesivos parecen llevar la escrupulosidad —rasgo ponderable— a niveles absurdos. "A veces me siento intranquilo al final de la jornada porque me parece que no me he ganado el día, que no le doy a la empresa el valor de su dinero", me dijo Frank, un joven contable. "Crecí en el seno de una familia que creía que si no trabajas una jornada completa no mereces la paga." Pero según pautas objetivas, Frank *siempre* llevaba su trabajo en serio. Aceptaba de buena gana las tareas que le asignaban, y jamás faltaba por enfermedad ni se retiraba antes. Para él, cumplir la jornada de trabajo significaba pasar cada minuto entre las 8.30 y las 16.30 de la manera más productiva posible. Los días en que, según esa pauta, no había "rendido bastante", se sentía culpable. Pero nunca se le ocurrió pensar que casi siempre le daba a la empresa *más* del valor de su dinero.

Hay otro aspecto del perfeccionismo que también puede fomentar la adicción al trabajo. Hay que tener presente que la adhesión al credo del perfeccionista siempre produce pautas de comportamiento improductivo. El miedo a cometer errores suele hacer que el perfeccionista postergue o dilate el trabajo, por ejemplo, o que vacile en tomar decisiones, o que no pueda concretar sus proyectos. El resultado es que algunos perfeccionistas tienen que trabajar más para realizar la misma tarea que otros menos perfeccionistas.

El todo-o-nada

La conocida presión del pensamiento extremo, del tipo todo-o-nada, contribuye a conformar la vida esforzada de muchos obsesivos. Les parece que si recortan aunque sea lo mínimo sus horas de trabajo terminarán por caer en un horroroso estado de indolencia.

A veces les cuesta iniciar un proyecto porque saben que, una vez empezado, no lo dejarán hasta concluirlo (y además, impecablemente). Su renuencia a interrumpir el trabajo proviene en parte de que saben que si pierden el impulso inicial será difícil volver a empezar. Es un círculo vicioso que aparece perfectamente expresado en un personaje del libro de Thomas Wolfe titulado *You Can't Go Home Again*:

> *Se me había ocurrido la idea de que la mayor parte del trabajo de este mundo lo hace la gente perezosa. Por esa razón trabajan: porque son tan perezosos... Es así: trabajas porque tienes miedo de no trabajar. Trabajas porque te empujas rabiosamente al principio. ¡Esa parte es infernal! Es tan duro empezar que una vez que lo has logrado tienes miedo de retroceder. Preferirías hacer cualquier cosa antes que volver a atravesar esa agonía; de modo que sigues adelante... hasta que no puedes parar aunque quieras... Entonces la gente dice que eres un trabajador incansable, pero no es así. Es la pereza, la lisa y llana, la condenada pereza, eso es lo que es.*

El trabajo como protección

El trabajo sirve para proteger al obsesivo de algo que preferiría evitar. Por ejemplo, el trabajo es una excelente barrera contra la intimidad.

Leo, un locutor de radio, insistía en decirle a su esposa, Robin, que él aceptaba tantos compromisos profesionales porque necesitaban el dinero. En realidad, sus discusiones por los problemas económicos estaban minando el afecto mutuo, destruyendo la relación sexual y llevándolos a la depresión. Cuando me consultaron, Robin acusó a Leo, diciendo que su sobrecargada agenda de trabajo le servía para eludirla. "Puede ser, es probable", admitió Leo finalmente, después de algunos intentos de racionalización. "Pero ¿quién puede culparme? ¿A quién le gustaría afrontar el dolor y la hostilidad que atravesamos?"

Otra paciente, Evelyn, una maestra sumamente concienzuda, se quejaba amargamente de su soledad. Culpaba al trabajo del hecho de ser soltera y de que no hacía, prácticamente, vida social. Pero invertía una cantidad enorme de tiempo en preparar las clases, en casa, de noche, los fines de semana. Si bien Evelyn decía que le fastidiaba semejante exceso de trabajo, sentía pasión por sus alumnos y no se imaginaba la posibilidad de dedicarse menos a ellos. Le parecía que estaba dándoles lo que necesitaban y merecían, y no podía entender que otros maestros pudieran trabajar menos y no sintieran remordimientos.

Un día, otro miembro del grupo empezó a interrogar a Evelyn acerca de sus pautas de trabajo. ¿No era posible que tuviera *miedo* de la intimidad y que, para evitar la posibilidad de semejante contacto, se hubiera parapetado detrás de su trabajo? Al oír esto Evelyn rompió a llorar y balbuceó: "¿Por qué dices eso? ¡Si supieras cuánto deseo la relación amorosa!". Se sintió herida y no pudo reconocer, ni entonces ni después, que la sugerencia fuera cierta. Pero la pregunta había tocado un punto neurálgico. Ser una persona altruista, una maestra dedicada, era algo tan crucial para su orgullo y su sentimiento de amor propio que no pudo soportar una sola insinuación de que sus motivos pudieran no ser transparentes; es decir, que su adicción al trabajo fuera un mecanismo de defensa y no un deseo auténtico de servir a los demás.

El trabajo protege al adicto proporcionándole una noble excusa para evitar las exigencias personales, exigencias que de otro modo se sentiría obligado a satisfacer. "Era mucho más divertido salir de juerga que volver a casa a cambiar pañales", admitió un bancario que tuvo que abandonar su ritmo de trabajo después de un ataque cardíaco. Cuando Leonore, una abogada adicta al trabajo, siguió las indicaciones del médico y se tomó una semana de vacaciones, no les avisó a sus padres. "Porque habrían querido que pasáramos todo el tiempo juntos si se enteraban de mis vacaciones."

Sumergirse en el trabajo protege de la conciencia de las propias emociones. "Siempre he trabajado demasiado", me decía Belinda, una bioquímica. "Pero cuando murió mi marido, hace unos años, me volví obsesiva con el trabajo. No tenía motivos para volver a casa. Ahora veo que usaba el trabajo para ocultar mis sentimientos y mantener cierto control."

Además, el trabajo contiene para el obsesivo una cualidad basada en la superstición. A cierto nivel de la conciencia cree que su diligencia está acumulando puntos y que el Marcador Cósmico los registra. Al invertir tantas horas en el trabajo, se está privando de los placeres del presente, y por eso espera ser recompensado algún día, no sabe cómo, por su sacrificio.

Algunas personas no pueden gastar dinero en ellas mismas sin complicadas lucubraciones para saber si se han ganado esa indulgencia. "Lo merezco, me lo debía", dicen cuando hablan de un gasto personal, y agregan enfáticamente: "He trabajado tanto...".

La influencia de la sensibilidad a la exigencia, la adicción al trabajo y la tendencia al orden

Como expuse en el capítulo 5, los obsesivos son agudamente sensibles a las obligaciones, tanto explícitas como tácitas. Esta elevada sensibilidad hace que la carga de trabajo de una persona sea más pesada que la de otra, menos sensible a la exigencia. Por ejemplo, cuando el jefe de Mona empezó a trabajar los fines de semana, ella se sintió obligada a acudir a la oficina por lo menos algunas horas. "Nunca me pidió que fuera", explicó Mona. "Pero tuve la impresión de que pensaba que debía ayudarle."

La adicción al trabajo puede ejercer un tipo de presión diferente sobre los individuos ya sobrecargados. El trabajo es terreno propicio a la tendencia del obsesivo de divagar sobre los problemas. Al final del día —o de la semana—, los adictos al trabajo tienen dificultades para desplazar sus pensamientos y su atención del trabajo, y la consecuencia es que muchas veces están preocupados y "como ausentes" con sus seres queridos o cuando se divierten.

Otro elemento que contribuye a la adicción al trabajo es la necesidad de orden del obsesivo. El trabajo organiza el tiempo, impone un orden en la vida. Muchos obsesivos me han confesado que si bien el trabajo es duro, lo prefieren a la incertidumbre del tiempo no estructurado. Al menos, cuando tienen frente a sí una tarea concreta, disfrutan de la sensación de movimiento y productividad. Y la tendencia al orden excesivo los sobrecarga cuando los impulsa a dedicar mucho tiempo a actividades como limpiar, organizar y arreglar el escritorio, o a quedarse trabajando hasta tarde, hasta que hayan solventado el último "cabo suelto".

El trabajo como medio de control

Finalmente, muchas personas ven en el trabajo duro una de las herramientas más importantes para controlar su destino: bien indirectamente, a través del Marcador Cósmico, o bien directamente. Dado que los obsesivos casi nunca se sienten totalmente seguros en el terreno económico y tampoco en el profesional, no importa cuánto dinero tengan o cuán deslumbrantes sean sus aciertos, casi nunca rechazan la oportunidad de trabajar más. Y a veces tienen miedo de irse de vacaciones por la consiguiente pérdida de control de tantas cuestiones como la política interna de la empresa o la seguridad de que todo seguirá haciéndose "a su modo".

"El control —o la situación del control— es de vital importancia para los adictos al trabajo", escribe la investigadora Marilyn Machlowitz. "La lucha por el control no es un concurso sino una verdadera batalla, brutal y fútil. Las atiborradas agendas de los adictos al trabajo representan un intento de 'derrotar al reloj'. Sus listas 'de cosas que hacer' son 'una manera de organizar lo inorganizable'... La necesidad que sienten de organizarse genera en ellos una tendencia a asignar a sus objetivos un espacio de tiempo inamovible, prefijado e inadecuado, con el propósito de lograr la apariencia de control."

¿ES UNO DEMASIADO ESFORZADO?

Si dedicamos todas las horas de vigilia al trabajo —ya sea en el empleo o en otras actividades productivas— es posible que seamos adictos al trabajo. ¿Y qué significa serlo? ¿Qué queremos decir realmente con la expresión "demasiado esfuerzo"? ¿Cuánto esfuerzo es mucho esfuerzo?

Para responder a la última pregunta, apliquemos la misma pauta que usan muchos profesionales para evaluar el consumo de alcohol: ¿la cantidad de tiempo que se dedica al trabajo (o a pensar en el trabajo) está causando problemas probablemente graves en la vida?

En ese caso se necesita comparar costes con beneficios, y por lo general es *muy difícil*. La adicción al trabajo figura entre las más aceptables de las adicciones; nuestra sociedad venera y recompensa la laboriosidad. Este puede ser uno de los beneficios de la adicción al trabajo, pero induce a pasar por alto los costes del exceso de trabajo. Sylvia, una mujer de negocios de cincuenta y siete años, estuvo una vez durante veinte minutos quejándose de su abrumadora carga de trabajo, pero después agregó: "Supongo que todo eso es algo positivo. Mientras se lo estoy contando, me siento virtuosa".

LA ALEGRIA DEL TRABAJO

El trabajo puede ser uno de los principales placeres de la vida; proporciona a muchos adultos la fuente más importante de estímulo intelectual y relación social. Quizá sea el único foro donde pueden competir y cosechar aplausos por su desempeño. Además del prestigio, el trabajo esforzado brinda seguridad económica, poder y progreso en la carrera laboral.

La excitación es otro de los atractivos de una agenda frenética. No es necesario ser el secretario de las Naciones Unidas en un viaje por el globo terráqueo en busca de un acuerdo de paz en una zona neurálgica para disfrutar de una buena descarga de adrenalina en el cuerpo por causa del trabajo. "Es, literalmente, como tomar una droga", dice Carl Thoresen, profesor de educación y psicología de la Universidad de Stanford, que ha estudiado a los adictos al trabajo. "Es una sensación de euforia, casi de vértigo, como la que se llega a sentir después de haber hecho una representación teatral. La persona se siente maravillosamente bien."

Los adictos al trabajo experimentan una profunda satisfacción espiritual en su actividad. Candace, una activa y esforzada *marchand* y representante de artistas de la plástica, disfruta del dinero que le ha brindado el éxito a raudales, pero sus largas jornadas de trabajo son una manera de lanzar nuevos valores. "Me da la impresión de que estoy haciendo una modesta contribución al mundo del arte", dice. Del mismo modo, los ingenieros pueden sentirse inspirados con la idea de que mejoran el nivel de vida con sus puentes y edificios, o los *coiffeurs*, con el placer de que sus clientes están elegantes y van a la moda.

EL PRECIO DE LA ADICCION AL TRABAJO

Todos éstos son beneficios reales, pero lo son del *trabajo* y no de la adicción al trabajo. Además, es posible disfrutarlos cuando el trabajo desempeña un papel equilibrado en nuestra vida. Por otra parte, la adicción al trabajo tiene también sus recompensas, pero mucho menos que las nocivas consecuencias de dar al trabajo una importancia abrumadora.

El envenenamiento de las relaciones personales

En primer lugar, la adicción al trabajo perjudica las relaciones, y por razones obvias. El día tiene un número limitado de horas, y si se llenan de trabajo o pensamientos de trabajo, es evidente que no quedará mucho tiempo para la familia. Algunos adictos al trabajo evitan el matrimonio por esa razón, y es el caso que las mujeres postergan la maternidad o la rechazan abiertamente.

Niños defraudados

Si usted tiene hijos, probablemente se dirá que trabaja tanto porque quiere darles una vida mejor: sacrificio que sin duda ellos encontrarán de cuestionable valor. En su libro *The Addictive Organization* [La organización adictiva], Anne Wilson Schaef y Diane Fassel reproducen las palabras de una hija, ya adulta, sobre un adicto al trabajo:

> *Todo giraba alrededor del trabajo de mi padre. Si jugábamos y hacíamos ruido, teníamos que callarnos porque papá estaba trabajando o durmiendo. Cuando el trabajo iba mal, estaba malhumorado, enfadado, agresivo. Cuando iba bien, estaba contento... Lo veíamos muy poco. A veces se quedaba en la ciudad hasta el día siguiente, y cuando llevaba adelante un gran proyecto solía viajar durante varias semanas... No creo que mi madre y nuestra familia estuviéramos en segundo lugar en la vida de mi padre: creo que no existíamos en absoluto. Me pasé la infancia pensando en mi padre, pero nunca llegué a conocerlo. Por eso lo odio, y sin embargo lo extraño profundamente.*

Como revelan los comentarios de esta mujer, un padre adicto al trabajo puede estar físicamente presente pero no existir como presencia nutricia. Algunos individuos de este tipo experimentan los intentos de contacto de sus hijos como interrupciones molestas. Imagine usted el efecto que debe tener eso sobre el amor propio del niño.

Otros adictos al trabajo suelen transformar el tiempo que pasan con su familia en un período de *trabajo* en equipo. Supongamos que es una tarde de domingo y el padre (o la madre) no tiene obligaciones urgentes y puede permitirse dedicar algunas horas a lo que a su hijo le gusta: jugar a la pelota. Pero debido a su necesidad interior de estar haciendo siempre algo, el padre propone arreglar el jardín o reparar la cerca. Así, trata de lograr dos cosas al mismo tiempo —pasar un rato con su hijo y trabajar en un proyecto— recurriendo al expediente de halagar al niño para convencerlo de que trabaje con él.

Si el proyecto capta realmente el interés del niño, el resultado puede ser una agradable experiencia compartida. Pero si el hijo percibe que su padre está más interesado en el jardín o en la cerca que en él, se sentirá defraudado y ofendido. Y es posible que el adulto aumente el daño causado cuando se decepciona por la falta de entusiasmo del niño o critica su contribución al trabajo.

Hay padres adictos al trabajo que van aún más lejos: se enfadan cada vez que encuentran a sus hijos "perdiendo el tiempo". Quieren que sus hijos compartan su repugnancia por el más leve indicio de pereza, y siempre encuentran tareas para encomendarles, hasta que consiguen que los niños huyan cuando ven acercarse a su entrometido padre.

Si el trabajo lo está apartando de sus hijos —física o emocionalmente— es posible que no se dé cuenta de lo que está perdiendo hasta que sea demasiado tarde. Muchas personas consideran que la paternidad y la maternidad son una proposición del tipo sí-o-no: se tiene hijos o no se tiene hijos. Pero, de hecho, la infancia de nuestros hijos se compone de cientos de experiencias efímeras: la primera sonrisa del bebé, sus primeros pasos, los regalos de Nochebuena, los deportes en el colegio. Cada etapa del desarrollo de una persona dura un breve período de tiempo y no se repite. Piérdase usted todas esas experiencias y terminará por tener una vaga y distorsionada idea de que alguna vez "ha tenido hijos".

Algunas personas, al darse cuenta de lo que les está sucediendo, intentan remediarlo; pero casi siempre es demasiado tarde. He tratado a varios pacientes que recibieron muy poca atención de sus padres cuando eran niños o adolescentes. Después, cuando el padre o la madre (ya mayores y muchas veces viudos) buscan compañía, los hijos e hijas reaccionan con terror, rehúyen el contacto y expresan sentimientos como: "No tenemos nada en común" o "No mantengo ningún vínculo". A veces estos niños-adultos expresan su resentimiento por ser abordados por sus padres después de tantos años de abandono. "¿Dónde estabas cuando te necesitaba?", preguntan.

193

La adicción al trabajo y la pareja

En cuanto a la pareja, la adicción al trabajo puede no causar problemas si ambos se sienten cómodos pasando poco tiempo juntos. Pero si no es ése el caso, la adicción al trabajo del compañero puede convertir la vida de una persona en un purgatorio solitario. Cónyuges resentidos y furiosos encuentran siempre alguna manera de vengarse: negando afecto, corriendo aventuras amorosas, gastando demasiado, mostrando su disconformidad de mil maneras. Y por lo general pidiendo el divorcio.

Aun en ausencia de una discordia tan flagrante, el exceso de trabajo afecta la vida sexual. Los doctores Williams Masters y Virginia Johnson escribieron: "Es indudable que el vínculo íntimo hombre-mujer se ve profundamente afectado... generalmente para peor, por los sentimientos conscientes e inconscientes arraigados en las actitudes acerca del trabajo". Los especialistas en sexología mencionan a "aquellos esposos y aquellas esposas que incansablemente buscan nuevas maneras de ocupar su tiempo y emplear sus energías —ganar más dinero, avanzar en la carrera, cuidar a los hijos, arreglar el hogar, hacer trabajo comunitario, acumular bienes— haciendo algo, en resumen, que se parezca al trabajo... En ese esquema, la relación sexual no encuentra prácticamente espacio. El coito se consuma porque se transforma en una tarea, una obligación, un desafío, algo que debe ser hecho".

Los amigos olvidados

Además de afectar la relación familiar, la adicción al trabajo suele hacer fácilmente otra víctima: los amigos. Y eso porque uno de los elementos más importantes para mantener una amistad gratificante es el contacto frecuente, dedicándole tiempo suficiente para hablar de la vida de cada uno, relajarse y divertirse en compañía. Ese contacto puede ser simple, como dar juntos un paseo. Pero si no hay tiempo para nada bajo el peso del trabajo, las amistades sufrirán un deterioro.

Mantener a la familia feliz y estrechar amistades contribuye enormemente a la realización en la vida. Pero es sorprendente comprobar que muchos adictos no consideran productivo el tiempo dedicado a las relaciones personales. Tal vez se explayan elogiosamente sobre la importancia de las relaciones, y quizá las valoren. Pero al mismo tiempo su comportamiento revela la oculta convicción de que es más importante dedicar tiempo y energía al trabajo y no a los amigos y la familia.

Me acuerdo de Larry, un asesor de cuarenta años que acudió a verme en parte porque su adicción al trabajo estaba poniendo en peligro su matrimonio. Amaba intensamente a su esposa, y parecía dispuesto a tratar de introducir algunos cambios en su forma de vida. Aceptó la sugerencia de negarse a realizar trabajo alguno durante un fin de semana íntegro. Cuando le pregunté cómo le había ido con la experiencia, me dijo que lo había atormentado la sensación de estar perdiendo el tiempo, de que podría haber estado haciendo algo de provecho.

—¿Qué hicieron el fin de semana? —le pregunté.

—Victoria y yo pasamos los dos días jugando y divirtiéndonos. El sábado fuimos a navegar y el domingo dimos un largo paseo. La verdad es que nos relajamos.

—Pero acaba de decir que no hizo nada —insistí.

—¡Me refería al *trabajo*! —exclamó él, riendo.

Una de las razones por las que los adictos al trabajo como Larry consideran que los "fines de semana divertidos" (y otras diversiones) son "tiempo perdido" es que las buenas relaciones, la gratificación personal y la conciencia que surgen de esas actividades no son tan concretas como la más común de las recompensas a las largas horas de duro trabajo: el dinero.

Trabajo y baja productividad

La adicción al trabajo causa problemas no sólo en el campo de lo personal. "Batir demasiado el yunque puede perjudicar... los negocios", comentaba el *Wall Street Journal* en un artículo sobre los empresarios adictos al trabajo. "El prolongado estrés causado por eludir las distracciones, concentrarse intensamente en aburridos detalles y las tareas tediosas fatiga la mente...

El resultado es: aumento de la cantidad de errores, dificultades para tratar con el público, más accidentes y deterioro de las habilidades."

Como se ha señalado anteriormente, los perfeccionistas tienen dificultades para iniciar proyectos, tomar decisiones y delegar tareas que podrían ser ejecutadas mejor por otros, y todo esto produce un daño mayor que el beneficio que se logra supuestamente con las largas horas extras trabajadas. Al mismo tiempo, la constante actitud crítica del perfeccionista disminuye la moral del personal.

Dejando de lado la consideración de estos comportamientos perjudiciales, queda en pie dilucidar si el adicto al trabajo consigue dar un empleo productivo a todo su tiempo. En un artículo de 1987 sobre el exceso de trabajo, la revista *Fortune* describió la hazaña de un asesor en *management* que pasó tres días íntegros siguiendo a "un frenético financiero e inversor, de ojos enrojecidos por el cansancio", y tomando detallada nota de lo que hizo el hombre en el transcurso de aquellas tres interminables jornadas. El asesor llegó a la conclusión de que el *ochenta por ciento* de las actividades del hombre de Wall Street había sido "trabajo superfluo": conversaciones telefónicas redundantes, reuniones innecesarias, tiempo perdido abriendo y cerrando sus dos voluminosos portafolios. Con demasiada frecuencia nadie advierte con qué grado de *eficacia* trabaja el adicto, y sin embargo es mucho más importante que el número de horas que pasa en la oficina.

La privación de diversión

Por definición, los adictos al trabajo no tienen demasiado tiempo libre, y la privación de diversión puede provocar daños psicológicos y físicos. Entre las diversas manifestaciones atribuidas al exceso de trabajo figuran: fatiga, irritabilidad, perturbación del sueño, dificultad de concentración, hipertensión, jaqueca, espasmos musculares, depresión, disturbios gastrointestinales y afecciones coronarias.

Pero estas dolencias son insignificantes comparadas con la

196

cruda sensación de desesperación y sufrimiento que puede apoderarse de una persona presa de la agonía del agotamiento. En el caso de Dave, de cuarenta y siete años, la abrumadora carga de trabajo parecía haber destruido todo su entusiasmo. Psicólogo prestigioso, veía pacientes durante todo el día, y con frecuencia por la noche, y atendía llamadas telefónicas a las horas más intempestivas. Además, Dave daba conferencias dos o tres veces a la semana. Por la noche, y los fines de semana, trabajaba en su tercer libro. No veía modo de liberarse de ninguno de aquellos compromisos, y la hipoteca de la casa, y tres hijos en colegios privados, lo sometían a una fuerte presión económica.

"A veces tengo la sensación de que se acabó lo mejor de mi vida. Antes, vivía pensando en los fines de semana y las vacaciones. Disfrutaba de mi tiempo libre, pero ahora lo único que hago es trabajar. Y a veces me sorprendo pensando con rencor en mis clientes, gente que depende de mí." Poco a poco Dave confesó que estaba atravesando una depresión existencial. Además del trabajo, sus pensamientos se perdían cada vez más en divagaciones sobre los aspectos tristes y hostiles de la vida. "Me pregunto qué sentido tiene todo esto. Quiero decir, ¿una persona trabaja toda la vida y después enferma y muere?"

Por supuesto, el agotamiento acecha tanto a los que se ven obligados a trabajar demasiado por las circunstancias como a quienes están *psicológicamente* predispuestos a trabajar todo el rato. Pero de los dos grupos, los obsesivos abiertamente esforzados tienen menos capacidad para disfrutar de sus momentos de ocio, por breves y escasos que sean. Recuerdo ahora una carta que leí hace poco dirigida al editor de un periódico local, en la que el remitente explicaba que a él y a su esposa les parecía necesario, al planear sus vacaciones, hacer lo siguiente: "Después de señalar los lugares que queremos visitar, estudiamos los mapas y redactamos las instrucciones del día, con direcciones, ruta o número de autopista y todos los datos pertinentes. Esto nos permite: 1) localizar las deficiencias de los mapas antes de partir (y en ese caso comprar otros para la buena organización); 2) resumir las instrucciones de varios mapas; 3) seleccionar los mapas adecuados, y 4) tomar decisiones estrictas antes de vernos enfrentados en el viaje con algún problema importante que podríamos haber previsto y suprimido". Aunque el autor de esta carta afirmaba que "esta preparación no requiere mucho tiempo", se trata del tipo de "trabajo" que cambian muchos obsesivos por su tiempo libre.

Otros adictos al trabajo preparan comidas muy elaboradas o acometen complejos proyectos de mejoras en el hogar. A veces esta laboriosa "diversión" puede resultar agradable, pero también es común que la sensibilidad a la exigencia despoje de todo placer a las actividades recreativas libremente elegidas, haciendo que parezcan cosas que deberían —y hasta que deben— ser hechas. En otras palabras, hacen que sea más trabajo.

Además, la vida despliega una gama de placeres —jugar a la pelota a pleno sol, quedarse en la cama hasta bien tarde, sentarse en un jardín y escuchar el canto de los pájaros— que muchos adictos al trabajo ignoran o, en el mejor caso, no aprovechan en plenitud. Cuando se toman tiempo para cenar con amigos o ir al cine suelen sentirse culpables o presionados para volver a su casa y dedicarse a algo más productivo. Cuando le pregunté a Vincent, ejecutivo de una compañía aérea, de unos cuarenta años, cómo se sentía cuando descansaba en casa, su respuesta inmediata fue: "Bien". Pero después de pensarlo mejor agregó: "Cuando estoy mirando la TV me siento culpable por no estar haciendo otra cosa. O me quedo varias horas frente al aparato y después me arrepiento de haber 'tirado' el tiempo cuando podría haber hecho algo más productivo".

Caroline, directora de marketing de una gran firma de ropa, describió lo que sentía cuando pasaba los fines de semana con sus dos hijos, uno un bebé y el otro en edad preescolar.

"Amo a mis hijos más que a nadie en el mundo, y durante la semana no puedo estar con ellos. Inclusive, me resulta difícil improvisar con ellos un rato. La mitad del tiempo invento actividades: vamos a tal sitio o hacemos tal cosa. La única manera en que puedo obligarme a haraganear con ellos y jugar espontáneamente es decirme a mí misma que el 'trabajo' de una madre es eso. Después, todo marcha bien. Pero me entristece no incorporarme plenamente a su mundo."

Si es el tipo de persona que se deleita estando en actividad, quizá piense, mientras lee, que puede pasarlo bien, gracias, sin necesidad de tanto descanso. Pero hay que tener presente lo que cuesta.

Danielle era una adicta al trabajo perfeccionista, que dedicaba las vacaciones a hacer largos viajes, y una vez en camino, era incansable. Si no se dirigía a un museo a las nueve de la mañana, se ponía tensa, y si las vacaciones terminaban sin que hubiera visto todo lo que "había que ver" según las guías turísticas, se sentía infeliz y estafada. Estas tensiones subyacentes salieron a la luz cuando empezó a viajar con su novio, Jack, quien opinaba que los paseos turísticos debían alternarse con largas mañanas en la cama y perezosos desayunos leyendo los diarios locales. Según Danielle, "somos ambos obstinados y cada cual se obcecaba en lo suyo. El se hacía cada vez más perezoso y yo me enfadaba más".

Con la relación en peligro, Danielle hizo un viaje sola a París. Allí se le unió una antigua amiga. "Gail se parece a Jack: le gusta estar tranquila. Entramos en una especie de rutina: nos levantábamos, tomábamos café, dábamos un paseo, almorzábamos con vino y por la tarde hacíamos alguna otra cosa, sólo una. Y no sentí el mismo conflicto que tenía con Jack, a quien había llegado a considerar un estorbo. Creo que era más objetiva con Gail, y para mi sorpresa, descubrí que en realidad *prefería* ese estilo. Empecé a pensar: 'Jack no está equivocado, lo estoy yo'. Entonces pude, poco a poco, disfrutar del descanso y el ocio. Desde aquel viaje, tomé la decisión consciente de no querer verlo todo, esté donde esté. He aprendido a establecer prioridades y a intentar ver sólo lo mejor."

VOLVERSE MAS RELAJADO

Como hemos visto, la adicción al trabajo es un fenómeno complejo, que puede ser moldeado por muchos factores. En consecuencia, no hay un solo camino para cambiar. Pero cambiar es posible. Como punto de partida, formúlese las siguientes preguntas:

- ¿Todas esas largas horas son *realmente* una exigencia inevitable del trabajo?
- ¿Cuándo fue la última vez que salió a caminar sin rumbo fijo? ¿O que se sentó a escuchar música? ¿O que fue a mirar escaparates?
- ¿Sus compañeros (u otras personas en una posición semejante a la suya) trabajan tanto como usted? Y si no lo hacen, ¿cómo se las arreglan para evitarlo?
- ¿Es posible que lo impulse el perfeccionismo y vale la pena ceder a él?
- ¿Evita usted estar en casa, por alguna razón?
- Si tiene trabajo extra, ¿es porque necesita el dinero? ¿O acaso lo que determina ese comportamiento es un anhelo de seguridad económica garantizada?
- Si usted trabaja por cuenta propia, ¿debe aceptar todos los encargos que le hacen, o está distorsionando las cosas? Por ejemplo, ¿hasta qué punto es cierto que si no acepta ese encargo no conseguirá nunca más otro de la misma firma o persona? Y aunque así sucediera, ¿pondría realmente en peligro su seguridad económica?
- En cuanto a preocuparse por el trabajo en su tiempo "libre", ¿hasta qué punto es útil o necesario? ¿Con qué frecuencia se le ocurre una idea *creativa* o resuelve un problema de trabajo mientras descansa con su familia o se divierte? ¿No es posible que la "adicción al trabajo" esté contaminando su descanso?

Un programa de dos meses para recuperar el tiempo libre

Si el trabajo se ha apoderado de su vida, ¿está dispuesto a realizar un experimento? Durante un lapso limitado, ¿podría pasar menos tiempo trabajando y más tiempo viviendo? Para lograr este objetivo, sugiero que introduzca los siguientes cambios durante dos meses. (Ya sé lo que está pensando: "¡Perderé mi empleo!". Pero, ¿hasta qué punto es probable? Y aunque lo perdiera, ¿sería tan terrible, teniendo en cuenta que la adicción al trabajo destruye su vida familiar y perjudica su salud?) Al finalizar los dos meses, evalúe la influencia que ha tenido el experimento en su vida. Y si no se considera más feliz, vuelva a ser como antes.

1. Separe el trabajo de la vida hogareña. No lleve trabajo a casa. Si su actividad requiere que el trabajo —o una parte— se realice en casa, concentre sus materiales en una habitación, preferentemente una que se pueda cerrar al salir.

2. Limite las sesiones de trabajo, y cuando se cumpla el horario fijado deje de trabajar, aunque no haya terminado. No estoy sugiriendo que se sea un irresponsable ni que se dejen tareas cruciales para el día siguiente. Pero los obsesivos piensan que *todo* es crucial. No se quede sentado a su escritorio haciendo una cosa tras otra, a menos que sea indispensable.

3. No trabaje los fines de semana, a menos que sea urgente. Si lo es, sea mezquino en el tiempo que otorga. Recuerde las palabras del escritor y filósofo chino Lin Yutang: "Aquellos que son sabios no están ocupados, y quienes están demasiado ocupados no pueden ser sabios. Por lo tanto, el hombre más sabio es el que más elegantemente vagabundea". Según Lin, hay "tres grandes vicios norteamericanos": eficiencia, puntualidad y deseo de realización y éxito. "Estas son las cosas que hacen a los norteamericanos tan desdichados y nerviosos. Renuncian a su inalienable derecho al vagabundeo y se privan de muchas tardes agradables, bellas y ociosas."

4. Cada vez que deje de trabajar, desplace conscientemente su atención al tiempo libre y dispóngase a disfrutar. Un recurso que ayuda a marcar la transición entre trabajo y "juego" es hacer varias inspiraciones profundas, o estirar

todo el cuerpo cuando finalmente se pone de pie y se separa del escritorio.

Una vez que ha salido de la oficina, relájese y evoque pensamientos placenteros del hogar y la familia. Si empieza a sentirse inquieto o culpable por "no haber hecho algo", combata esos sentimientos. Pregúntese: "¿Qué hay de malo en tomarme el tiempo necesario para leer este libro o disfrutar de esta charla? ¿Acaso no merezco gozar de la vida como cualquiera?"

5. Cada vez que caiga en divagaciones acerca del trabajo, haga el ejercicio de suspensión del pensamiento: dése una palmada en el muslo o parpadee con fuerza, respire profundamente y piense: "Divagar no sirve de nada". Después, concentre su mente en otra cosa.

6. Limite estrictamente el tiempo que dedica a realizar tareas. Antes de acometer cualquier proyecto pregúntese: "¿Es importante? ¿Voy a pasar la mayor parte de mi tiempo 'libre', el resto de mi vida, preocupándome por cosas así? Y si no quiero, ¿por qué no empezar a cambiar ahora mismo?"

No se demuestra debilidad de carácter cuando se dedica algo de tiempo a descansar y divertirse aunque queden cosas que hacer. Como sucede en casi todas las profesiones, la lista de tareas personales que "se tienen que hacer" es interminable, de modo que no es conveniente proponerse ese objetivo. Es insensato privarse del descanso y la diversión sólo porque hay que hacer muchísimas cosas, puesto que las hay durante toda la vida.

Es posible que se esté dedicando una gran cantidad de tiempo y energía mental a cosas que, dentro del panorama general, no son importantes. En mi opinión, las tareas cotidianas y rutinarias, como las compras y los trámites, son tareas de mantenimiento, algo así como repostar gasolina para que funcione el automóvil. El mantenimiento no debe ser un fin en sí mismo, sino un medio para vivir mejor. Los obsesivos tienden a dejarse atrapar por el mantenimiento, a expensas del verdadero vivir. Dedican tiempo suplementario, después del trabajo, a ordenar, reparar, acomodar; están siempre atentos a los pequeños detalles, mientras la vida pasa. Una paciente me dijo: "Paso la mayor parte del tiempo haciendo cosas innecesarias, y sin vivir. Me da la impresión de que no vivo".

7. Si tiene oportunidad de rechazar un trabajo extra, hágalo, al menos durante el período de dos meses. Si la idea lo asusta, entonces se encuentra en una de esas situaciones en que le aconsejaría que se siente con su pareja, un amigo o un compañero de confianza, y utilice a esa persona como caja de resonancia. Describa sus miedos, y pregunte hasta dónde son realistas. Es sorprendente lo distorsionado que puede estar el sentido de su propio valor. Una opinión objetiva le ayudará a darse cuenta de que es ridículo creer que no volverán a encomendarle un trabajo sólo porque haya rechazado éste. Otras personas reconocerán sus méritos y buscarán su colaboración tan pronto vuelva a estar "disponible".

El mismo consejo se aplica si se siente tentado a declinar un ascenso porque ya trabaja demasiado. Es típico de los obsesivos enorgullecerse de su capacidad de cubrir ingentes cantidades de trabajo, pero olvidan que también se los valora por otras cualidades. Temen, por ejemplo, que su jefe cuestione su dedicación si se sacrifican menos. Demasiado inseguros para poner límites, terminan siempre trabajando en exceso.

También en este caso recomiendo que converse usted con un compañero para verificar si tales percepciones son correctas. ¿Sería tan peligroso no precipitarse a aceptar más trabajo, y rechazarlo de vez en cuando? ¿Acaso no parece razonable que una persona diga, *ocasionalmente*: "Lo siento, pero estoy abrumado de trabajo y no puedo asumir eso ahora"? Es muy probable que usted sea mucho más importante para su superior que lo que imagina.

8. Durante las actividades con la familia o los amigos, *viva el momento*, aunque haya dejado trabajo pendiente. No se permita pensar que su esposa y sus hijos son algo insignificante que están apartándolo de cosas más importantes. Participe activamente en las conversaciones. Escu-

che todo lo que le digan, en vez de desconectar y entregarse a divagar sobre problemas relacionados con el trabajo. Vivir el momento presente es uno de los desafíos más difíciles imaginables para un obsesivo; por eso es exactamente lo que estoy pidiendo que se haga. La práctica es la clave para lograrlo. Cambiar requiere tiempo, de modo que empiece ahora. Este es el momento de convivir con la familia y los amigos, de disfrutar del tiempo libre, de dedicarse a los pasatiempos favoritos. Este es el momento de disfrutar de la vida. Recuérdelo: *no sabemos con certeza que disponemos de más tiempo que del presente.*

Cuando ponga en práctica estas sugerencias, prepárese a encontrar resistencia, interior y exterior. "La adicción al trabajo es la adicción más aceptable para la sociedad, porque es socialmente productiva", escriben Schaef y Fassel. "Muchas personas han respondido a nuestra descripción de la adicción al trabajo con declaraciones como ésta: 'No es lo mismo que los alcohólicos, que se destruyen y destruyen a sus seres queridos; los adictos al trabajo son miembros productivos de la sociedad'. Tenemos que entender que para algunas personas y algunas organizaciones, destruir la vida propia y la de los seres queridos es aceptable si la persona que lo hace produce al mismo tiempo algo útil para la sociedad."

Si cree que los pasos que le sugiero podrían ayudarle, no los postergue. Más de un paciente me ha dicho: "Tiene usted razón. El exceso de trabajo está deshaciendo mi vida. Voy a cambiar a partir del mes que viene", "Cuando termine lo que tengo entre manos" o "Cuando mejore la situación económica".

Muchas personas se esfuerzan durante años para labrarse un futuro "seguro", y terminan por tener unos pocos años de retiro, cuando ya están enfermos o lo está su pareja. Entonces sólo consiguen hacer una mínima parte de las cosas que se habían prometido para esa época, y se sienten amargamente decepcionadas.

Tal vez no resulta fácil encontrar un equilibrio adecuado entre el trabajo y el resto de la vida. Pero es imperativo intentarlo. A veces me gusta recordar a aquel hombre que dijo que nunca había oído a nadie decir en su lecho de muerte: "El único remordimiento que tengo es no haber trabajado más". Posiblemente usted tampoco morirá lamentándolo. Pero si el trabajo domina su vida, quizá le queden otros remordimientos, aun peores: por los hijos que nunca conoció, por los momentos de intimidad que sacrificó en aras del esfuerzo, por una vida llena de rosas cuyo aroma nunca se detuvo a aspirar.

10
Vivir con un obsesivo

> *No vale la pena discutir lo inevitable. La única discusión posible con un viento helado es ponerse al abrigo.*
>
> JAMES RUSSELL LOWELL,
> Democracy and Other Addresses

Vivir con un obsesivo puede ser difícil y emocionante. Hasta ahora he descrito cómo le hace sufrir su comportamiento al obsesivo, pero es necesario señalar que esa conducta es también penosa para un receptor con las siguientes cualidades personales:

Crítica constante: Le parece que nunca hace nada bien. Empieza a preguntarse si el obsesivo crítico lo quiere.

Resistencia a la exigencia: Con frecuencia no puede conseguir ni siquiera los pequeños gestos de solidaridad que hacen más fácil la convivencia.

Cautela: Le parece que no conoce al obsesivo o que no puede tener intimidad con él. Frente a su frialdad y reserva, siente (erróneamente) que no es amado.

Rigidez: Nunca se puede contar con que los obsesivos acepten un cambio, ni siquiera menor. Por el contrario, es posible que se irriten cuando se hace algo diferente. Y una vez que han resuelto algo, es imposible persuadirlos de que lo modifiquen.

Orden excesivo: Llegará a sentirse culpable por no compartir el mismo grado de orden. Si el obsesivo insiste en que satisfaga sus pautas de pulcritud, es posible que se sienta usted muy presionado y empiece a generar rencor o un sentimiento de opresión.

Infalibilidad: Jamás se gana una discusión a un obsesivo, ni acepta sus errores. Por lo tanto, usted continuamente recibirá el mensaje de que está equivocado.

Adicción al trabajo: Quizás ofenda el escaso tiempo y energía que dedica el otro a la relación. Su falta de atención perpetua hará que se sienta usted disminuido, insignificante.

Si tiene pareja, amigo, colega o parientes obsesivos, es posible que reúna alguna de estas quejas, o todas, y algunas otras que no figuran aquí. Como los obsesivos son capaces de generar un espectro tan amplio de problemas de relación, es imposible imaginar maneras de encararlos a todos. No obstante, ofrezco siete sugerencias amplias para llevarse mejor con esa persona demasiado perfecta que hay en su vida.

1. NO HAGA DE LAS MANIAS DE LOS OBSESIVOS UNA CUESTION PERSONAL

Por lo general el comportamiento obsesivo surge de miedos muy arraigados y no de mala voluntad. Es fácil perder esto de vista. Si no pasa un solo día sin que la esposa lo critique, el marido sentirá el desprecio que le profesa ella. Y lo que es peor, pensará que tiene parte de razón.

Las delicadas antenas de la pareja detectan errores hasta en la persona más santa e infalible. Si una amiga obsesiva está siempre ocupada cuando se le llama, no dé por sentado que esté tratando de eludirlo. Pues ella necesita iniciar el contacto, para sentir que controla la relación.

Si un amigo desoye constantemente sus sugerencias, uno pensará que ignora sus sentimientos o que no lo considera inteligente. Teme ser influido o controlado, no sólo por un amigo sino por cualquiera, y su resistencia le da la sensación de su influencia sobre las fuerzas que lo rodean.

Recuerde que la personalidad del obsesivo se ha formado mucho antes de conocerlo a uno, y que desplegará ese comportamiento con cualquiera, especialmente con alguien que le importe. Esta comprensión contribuirá a hacer menos ofensivas las acciones del obsesivo.

2. *ELLOS* TAMBIEN HACEN DE LOS CAPRICHOS DE OTRO UNA CUESTION PERSONAL

Cada vez que alguien se resiste a hacer algo como quiere el obsesivo, interpretará esa falta de aquiescencia como una prueba de que no se lo quiere. Y como esta persona, controladora e invulnerable, no admitirá que le duele no sentirse querida, esos sentimientos seguirán bullendo bajo la superficie, afectando profundamente la relación.

Hank, un ingeniero de cuarenta y cinco años, y su esposa Sharon me confesaron que uno de sus mayores problemas era el carácter de Hank.

"No se da cuenta de que es irrazonable", dijo Sharon. "Cuando vuelve del trabajo, empieza a mirar las cosas pendientes. Después se enfada con los chicos (dos adolescentes) y conmigo. Y siempre estamos a la defensiva."

Rápidamente surgió una imagen de la vida familiar. Sharon, profesora de música, daba lecciones de piano en su domicilio además de atender las tareas domésticas. Hank trabajaba mucho en un empleo muy exigente, para mantener el nivel de vida de la familia y mandar a sus hijos a buenos colegios. En su opinión, lo único que pedía a cambio era que hicieran ellos "algunas cosas sencillas": arreglar el jardín, por ejemplo, u ordenar el cajón de los cubiertos. Hank consideraba evidente que estas tareas —y otras muchas similares— había que hacerlas; que si, por ejemplo, alguno de los cuchillos estaba torcido, alguien se haría daño. Sharon y los chicos se quejaban de que Hank insistía demasiado en estos puntos.

"Y sigue, y sigue", se lamentó Sharon. "Los muchachos le dicen: 'Está bien, papá, por amor de Dios, ya lo he entendido'. Pero él insiste."

"Dicen que lo harán", interrumpió Hank, "pero es evidente que no consigo hacerme entender, porque cuando vuelvo a casa todavía no lo han hecho. Por eso es necesario que grite y me enfade. Es lo único que da resultado."

Pero ¿qué "resultado" estaba obteniendo con sus estallidos de ira? Sharon se sentía incomprendida y resentida, y los chicos tensos y frustrados. Hank admitió que había invadido la casa una atmósfera de incomodidad y afirmó que a él le apenaba tanto como a los demás que el afecto familiar estuviera siendo socavado por sus continuas riñas.

Le pregunté cómo se *sentía* cuando volvía a casa y se daba cuenta de que sus instrucciones no habían sido cumplidas.

—Me siento molesto —respondió él—. Me da la impresión de que ni siquiera ella hace las pequeñas cosas que le pido, aunque yo me mato trabajando y tengo que aguantar tanta porquería en mi empleo. Si le pido que se ocupe de tres o cuatro cosas que hay que hacer y ella no las hace...

—¿Qué significa?

—Significa que a ella no le importan bastante mis sentimientos... Que pone en segundo plano mis deseos.

—¿O sea que lo más importante es que se preocupen por usted?

—Sí, pero lamentablemente, para eso sólo se puede confiar en uno mismo.

A Sharon le impresionaron estas revelaciones. Pues ella se preocupaba por su marido. Lo amaba y trabajaba mucho enseñando y cuidando la casa. Además, pensaba que tanto ella como los hijos hacían la mayor parte de las cosas que les pedía Hank, pero que él sólo se fijaba en las excepciones.

Además, Hank y ella intepretaban las tareas de un modo completamente diferente. A Sharon, por ejemplo, *no le gustaba arreglar* el jardín, ni arrancar las malas hierbas; le resultaba una tarea pesada y una pérdida de tiempo, y no era el trabajo insignificante que Hank decía. Aunque persona razonablemente pulcra, no *veía* el desorden que tanto le molestaba a su fastidioso marido. (Y pude comprobarlo personalmente. En la primera sesión que hicimos Hank me confesó que casi no había podido contenerse para levantarse de su asiento y desenredar el cable del teléfono, un motivo de desorden que yo no había tenido en cuenta.)

A Sharon le había costado un verdadero esfuerzo ver el mundo como lo veía Hank, y el hecho de que ella tendiera a verlo de un modo diferente nada tenía que ver con que amara o no a su marido.

Traté de ayudar a Sharon y Hank a tomar conciencia de que Hank consideraba una ofensa personal que su esposa y sus hijos no accedieran a sus peticiones. A Hank, cada vez que encontraba alguna cosa pendiente, lo invadía el desaliento: las personas que más quería en el mundo no lo tomaban en serio. Sus deseos no les importaban, pero mientras tanto vivían de su trabajo. Se sentía explotado y no querido.

También le expliqué a Hank que las percepciones de Sharon eran radicalmente diferentes de las suyas, y que le resultaba muy difícil ver las cosas como él quería que las viera. Insté a Hank a revisar algunas premisas. ¿Se acababa el mundo si el jardín no estaba limpio de maleza o los cuchillos no apuntaban todos en la misma dirección? Lo impulsé a reconocer que pedía esas cosas *porque eran importantes para él* y no porque objetivamente fuera imperativo hacerlas. Y aunque sus exigencias fueran razonables, ¿valía la pena alejarse de su familia por eso?

El resultado fue que Hank y Sharon hicieron algunos cambios. Después de veintitrés años de matrimonio, Hank empezó a comprender que —aunque pudiera tener "razón" al querer mantener las cosas en orden— sus reproches, rabietas y "pruebas" lógicas de lo correcto de su posición *eran en realidad contraproducentes*. Reconoció que no sólo sus exigencias no eran satisfechas sino que su familia le tenía miedo. Se puso en evidencia en el hogar que ninguna argumentación lógica podía hacer que Sharon experimentara el mundo como Hank y aunque ella y sus hijos accedían a sus demandas, lo hacían con resentimiento y se sentían apartados de él.

La constatación de la *ineficacia* de su comportamiento le permitió a Hank limitar sus exigencias. Dejó de sermonear y explicar. Sharon, a su vez, empezó a ocuparse de él y a demostrarle más abiertamente cariño y agradecimiento por su laboriosidad y su decisión de mejorar la vida de la familia.

Sabía que para Hank era muy difícil modificar una conducta tan arraigada y a medida que lo veía luchar consigo mismo, en un esfuerzo genuino y sincero por cambiar, empezó a destapar sus antiguos sentimientos de amor por él.

Además, Sharon aprendió a no comprometerse a realizar ninguna tarea que no estuviera segura de que podía y quería hacer. Y ello nos lleva a la siguiente sugerencia:

3. SER COHERENTE Y DIGNO DE CONFIANZA

Es tentador simular un acuerdo con el obsesivo para que deje de acosarnos. Pero puede resultar contraproducente. Los obsesivos necesitan sentir que pueden confiar en los demás, ya para que les digan abiertamente que *no* los complacerán con las consiguientes razones, ya para que se cumpla rigurosamente lo que se promete. Y suelen responder dramáticamente a la evidencia de que no pueden confiar en alguien, aun tratándose de cosas menores. Inmediatamente se preguntan en qué *otras* cosas se les fallará. ¿Pueden creer *siquiera* en alguien cuando dice que los ama? ¿Pueden confiar en que cumplirá lo prometido?

La mayoría de los obsesivos necesitan de un sentimiento de certidumbre y de previsión. Un hombre dijo:

—Necesito una coherencia en mi vida, en la medida de lo posible. Estaría bien llegar a casa por la noche y encontrar cierta coherencia. Siempre me dicen que la cena estará lista a las seis y media y cuando llego todavía no han empezado a prepararla...

—¡Pero eso ha ocurrido una sola vez! —protestó su esposa, mientras su marido continuaba, imperturbable.

—Cuando preveo que las cosas serán de cierto modo, no me gusta que me sorprendan. Quiero saber lo que puedo esperar.

Los obsesivos estiman mucho la franqueza y la honestidad. Pero como no pueden quedarse tranquilos hasta que no les dan la razón y se reconoce que su posición es la correcta, frente a un obsesivo es fácil que alguien se sienta siempre en el papel de perdedor. Si algún otro mantiene su punto de vista será acusado de idealista o ilógico (y de que no se justifica que sienta como siente). Y si cede, dejando de lado sus objeciones, sólo para poner punto final al sermón o la discusión, lo considerarán falso e indigno de confianza.

¿Qué hacer, entonces, en tal situación?

4. NO DEJARSE PRESIONAR HASTA NEGAR SENTIMIENTOS Y PREFERENCIAS

Aunque no se pueda ganar una discusión y demostrar la superioridad de la posición, *uno tiene derecho a mantener su propia opinión*. No renunciemos a ese derecho.

A menos que se sea igualmente obsesivo, lo más probable es que no se esté a la altura de un obsesivo en una discusión lógica; los obsesivos se pasan la vida analizándolo todo: son expertos en la materia. Pero no porque determinado curso de acción les parezca más eficaz, práctico o lógico, hay que aceptarlo. No se avergüence, no se sienta presionado para hacerlo. La eficacia es sólo *uno* de los criterios de valor. *Existen otros criterios igualmente importantes*: gustos, rechazos, placer, valores personales. Uno tiene pleno derecho a sus preferencias y a su manera de hacer las cosas, a menos que su comportamiento sea clara y significativamente irresponsable o perjudicial. Del mismo modo, cuando otra persona interfiere en el goce de la vida, se tiene derecho a discutir —aunque no se pueda probar "lógicamente"— que un comportamiento sea o no "errado".

No es censurable mantener ideas diferentes acerca de lo que es importante y lo que es trivial. Si se accede a hacer ciertas cosas como a otra persona le gusta, no se debe a que haya aceptado sus valores o a que su propia manera sea inferior, sino a que lo hace así porque se preocupa por la otra persona, a causa de sus *ansiedades* por el desorden, el caos, la falta de control. Si algo entra en conflicto con determinados valores (por ejemplo, una discrepancia en la educación de los hijos, u otra cues--tión importante) escúchense los argumentos del obsesivo y después, a solas, reflexionemos. Formulemos claramente nuestra posición y reanudemos la discusión. No cedamos sólo para acallar al otro. No tengamos miedo de pedir tiempo para pensar.

5. NO PRESIONAR AL OBSESIVO

¿Y qué pasa cuando *uno* quiere que el obsesivo haga algo, cualquier cosa, desde tomar una decisión sencilla hasta cambiar alguna pauta arraigada?

Esté prevenido: toda confrontación directa —en la que se le obliga a cambiar al otro— está casi con certeza destinada al fracaso. Su petición o exigencia sólo fortalecerá la tendencia del obsesivo a afirmar su dominio o la rectitud de su opinión, y habrá una escalada en la lucha por el poder.

Recuerdo un episodio que me relató un paciente. El, abogado, y un colega suyo debían elegir entre dos oficinas disponibles en un edificio que planeaban compartir. Hal, mi paciente, estaba dispuesto a conceder a su socio el derecho a elección, pero el otro vacilaba, y Hal no podía trasladarse a las nuevas instalaciones. Me contó una de las conversaciones que transcurrió entre ambos:

—Le pregunté una vez más qué sala prefería, y me dijo que todavía no se había decidido. Como había demostrado preferencia por la sala número dos, le dije que la ocupara y que yo ocuparía la otra. Pero se indignó y me dijo que él en ningún momento había declarado que quisiera la sala número dos, y que el alquiler era más alto. Entonces le dije: "Muy bien. Coge tú la número uno y yo la número dos".

—La número uno es demasiado pequeña.

—¿Quieres que elija yo?

—¡No! Yo vine aquí antes, así que me corresponde elegir a mí.

—¿Tienes idea de cuándo sabrás la oficina que quieres?

—No lo sé.

Al principio, el objetivo del colega era (como él conscientemente creía) elegir la oficina que conviniera a sus necesidades; pero en segundo término le había gustado el sentimiento de control que experimentaba al hacer esperar a Hal. Cuando Hal lo presionó, todo cambió. El colega se involucró más en su defensa del control, y lo hizo importunando a Hal. Mientras más se impacientaba Hal, más postergaba el otro su decisión, porque entonces ya estaba enfadado. No podía demostrar su enfado directamente porque no tenía una justificación lógica, de modo que inconscientemente tomó represalias importunando a Hal.

Le sugerí a mi paciente que se retirara por completo, que le dijera a su socio que se tomara tiempo y cuando hubiera decidido le avisara. Hal volvió a la semana siguiente, y me contó que cuando le dejó el plazo a su arbitrio su socio se decidió inmediatamente.

Moraleja: no trate de obligar a un obsesivo a hacer algo. Es casi seguro que no lo logrará. A diferencia del común de la gente, los obsesivos resisten a las presiones con una sorprendente obstinación. Aun una presión sutil fallará, dada la capacidad de los obsesivos para percibir la más velada exigencia e irritarse por ello. (Y si cede, se pagará a un precio elevado, el resentimiento por haberlo presionado.)

Al mismo tiempo, no estoy diciendo que se deban tolerar en silencio los caprichos de un amigo obsesivo, por violentos que sean. Si determinado comportamiento es intolerable, dígase franca y claramente cuáles son los sentimientos; pero cuidando la manera de presentar el mensaje. En vez de decir: "Debes cambiar", por ejemplo, tratemos de transmitir la siguiente idea: "Me gustaría que hicieras esto, por esta y otras razones". Si es necesario conocer los planes de trabajo del jefe para determinada fecha, digámoslo, pero expliquemos el porqué de la pregunta, a fin de que no interprete la necesidad como un ultimátum, un juego de control o una manipulación. Las razones deben reflejar siempre *las propias necesidades o la dificultad con el statu quo*, y no un *juicio* sobre el comportamiento del obsesivo. Digamos, por ejemplo: "Si no conozco los planes hasta tal fecha, no conseguiré la rebaja en los billetes de avión", y no: "No puedo soportarlo. Siempre me hace esperar, es una falta de consideración".

Otra posibilidad es resolver los problemas de manera que no obliguen al obsesivo a cambiar sus esquemas de comportamiento. La esposa, por ejemplo, siempre se retrasa demasiado cuando van a salir juntos, y esto es una fuente de fricción y tensiones. Mientras él más la apura y le riñe, más tarda ella. Si él le explica que no le gusta llegar tarde a todas partes, pero no obtiene ningún cambio sustancial, tendría que considerar otras soluciones posibles, como hacer planes contingentes para salir separados.

En cualquier caso, evite echar la culpa; no servirá de nada. Concéntrese más bien en encontrar una solución que parezca satisfactoria, indefinidamente. Olvide quién tiene razón. Atienda sólo el hecho de que *usted* quiere actuar de un modo que lo haga sentirse bien, lo que significa ser puntual, y de que trata de hallar una solución cómoda, si no óptima, para ambos.

Si bien el cambio en el obsesivo debe surgir de adentro, a veces un saludable cambio unilateral de la otra parte lo induce a revisar su conducta. No sabemos con certeza por qué es así, pero algunos dirían que la lentitud constante de una persona y su consecuencia —el otro riñendo y apurándola— es la recreación del recuerdo de una relación infantil, que satisface una necesidad en ambos. Según este punto de vista, cuando uno de los involucrados se niega a seguir desempeñando el papel de progenitor decepcionado y severo, el otro pierde su involuntario colaborador y abandona también su papel.

6. FOMENTE EL AMOR PROPIO E INDEPENDIENTE

Muchos obsesivos odian depender de algo o de alguien; equiparan dependencia con vulnerabilidad. Inconscientemente piensan que permitir que su vida gire alrededor de otra persona los dejará inermes, a merced de la peor desgracia, si el otro, por ejemplo, se enemista con ellos, deja de amarlos o muere. En consecuencia, la mayoría no se permite depender demasiado de nadie, ni siquiera de sus mejores amigos ni de sus amantes.

Creo que los amigos o amantes de obsesivos deberían hacer lo mismo. Y no porque no sean de fiar. Por el contrario, su escrupulosidad y consecuencia hacen que sean más dignos de confianza que la mayoría de las personas. Pero al mismo tiempo, si alguien se aferra demasiado a su amante obsesiva, esa misma necesidad hará que ella se sienta ansiosa y termine por alejarse.

En primer lugar, si se ha llegado a depender completamente de una mujer obsesiva, ella sentirá que se le ha impuesto la aterradora y pesada responsabilidad de ser absolutamente indispensable para el bienestar emocional del otro. Y a merced de la necesidad de sentir que tiene opciones y libertad, se asustará y enfadará. En ese clima es muy probable que el amor no sobreviva.

Los obsesivos, por otra parte, suelen considerar la independencia no sólo algo deseable sino una virtud objetiva. Si lo perciben necesitado y dependiente, le perderán el respeto y dejarán de interesarse por su persona.

Otro aspecto de la dependencia emocional en una relación es que nuestro sentimiento de amor propio necesita de la realimentación del otro. Las mínimas variaciones en esa respuesta consiguen que nuestro amor propio y nuestro sentimiento de seguridad se vayan a pique o se remonten a las alturas. Ahora bien, si uno se apoya demasiado en la aprobación o el elogio de un obsesivo, está buscando una turbulencia emocional, porque ellos no están particularmente dotados para expresar esas cosas. Recuérdese: el modo de percepción consiste en notar los defectos y molestarse por ello. Y la necesidad de resguardar las emociones hace difícil la demostración de afecto o de sentimientos positivos.

Si se siente que la dependencia de una persona obsesiva —amante, marido, amiga— es perjudicial para uno o para la relación, se pueden dar algunos pasos hacia el cambio. Se empieza por tratar de redescubrir quién es uno, y quién era antes de conocer al otro. Esfuércese por desarrollar intereses propios y después ejercítelos vigorosamente, tal como lo habría hecho si no estuviera involucrado en la relación. Luche por convertirse en una persona cabal, independiente de cualquier relación afectiva.

Cuando alguien trata de establecer su yo particular, es posible que le asalten sentimientos de ansiedad e inseguridad. Al principio se sentirá vacío o aislado. Puede pasar que tenga miedo de romper la relación por no prestarle demasiada atención. ¡Combata esos sentimientos! Actúe como si se sintiera fuerte y seguro. No permita que la otra persona se forme la idea de que su felicidad o su seguridad dependen enteramente de su actitud positiva hacia usted. Y lo que es más importante, no acepte esa idea como inalterable y verdadera, porque no lo es.

Lo que *sí es verdad* es que, en cualquier momento, su amante puede decidir poner punto final a la relación, y usted no tiene control alguno sobre esa posibilidad. A lo largo de este volumen he expuesto los aspectos perjudiciales de la necesidad de control para los obsesivos. La misma dinámica se aplica a cualquiera. Mientras más se intente moldear la relación, mientras más estrechamente se vigile, más posible es que se envenene. En muchos aspectos, el miedo al compromiso de los obsesivos es como un gato: es probable que se acerque al otro si está absorto en sus asuntos, y que huya cuando lo abrazan con fuerza.

Aprenda a aceptar el hecho de que toda relación puede terminar. Encuentre una manera de resignarse ante la posibilidad. Es cierto que sería muy doloroso, pero en la mayoría de los casos ese dolor es pasajero. No piense ni por un momento que no podría soportarlo. Podría. Y así como encontró felicidad con esta persona, también la podría encontrar con otra.

7. REFORZAR LOS CAMBIOS POSITIVOS, DELICADAMENTE

Ya he señalado cuán difícil les resulta cambiar a los obsesivos. No obstante, algunos se las arreglan para lograrlo. Si un ser al que usted quiere —esposa, colega, amigo— empieza a comportarse menos obsesivamente, debe darse cuenta de que esto supone un logro, que demuestra no sólo fuerza y valentía sino también un deseo de mejorar la relación. Con frecuencia, es un acto de amor.

Casi con certeza, el otro apreciará la comprensión de que no ha sido fácil. Pero tenga cuidado con la manera en que demuestra su aprobación.

Si se llama demasiado la atención sobre los cambios, es posible que el obsesivo se sienta incómodo. En primer lugar, tal vez su transformación todavía sea una tentativa, y un reconocimiento explícito consigue que se sienta más comprometido y no pueda tolerarlo.

Hay que tener en cuenta, además, la tendencia de los obsesivos al pensamiento extremo. Si se reacciona animadamente ante la más leve mejoría (por ejemplo, el marido que regresó una hora antes de lo acostumbrado), él creerá que su mujer espera que siga comportándose así todos los días. Si se elogia la disminución de la exigencia de orden, su ansiedad se disparará. Porque piensa que se espera que cambie *más aún*; entonces, se rebelará. Del mismo modo, si se reacciona excesivamente ante las primeras evidencias de un acercamiento emocional, él puede tener miedo de alentar demasiadas esperanzas. La mayoría de los obsesivos no soportan romper sus promesas o quedar por debajo de las expectativas que generan, porque les horroriza la idea de que mañana les reclamen: "Pero entonces, ¿para qué me animaste?". Este miedo, combinado con el temor de perder opciones, basta para paralizar a muchos obsesivos.

Por lo tanto, lo mejor será celebrar las mejorías en el comportamiento de la manera más sutil y delicada posible. Los refuerzos eficaces varían de una persona a otra. La mayoría aprecia cosas como afecto, elogios o sexo; pero no todas. Algunas personas responden mejor al silencio, la comida y hasta a cierta distancia. Usted tendrá que *sintonizar* a su obsesivo y determinar cuáles son los refuerzos que le convienen.

Barbara fue capaz de hacerlo. Me llamó para iniciar una terapia de pareja, pero cuando llegó el momento, su amante, David, cambió de idea y se negó a asistir. Yo siempre había pensado que la única manera correcta de hacer terapia de pareja era ver a los dos juntos, de modo que expresé mis dudas acerca de la conveniencia de seguir. Pero Barbara me imploró que intentara trabajar sólo con ella, y ahora celebro haber accedido.

Barbara, una mujer vital y entusiasta, estaba enamorada de David, un empresario afortunado. Al comienzo de la relación, que había sido fulminante, ella había pensado que se casarían

219

y tendrían hijos. Sin embargo, cuando acudió a mí se preguntaba si David se decidiría alguna vez a comprometerse. Después de un año y medio la relación no parecía progresar; ambos discutían con frecuencia el reclamo de Barbara, que quería mayores demostraciones de amor. Las noches que David se quedaba a dormir en su casa en lugar de compartir la vivienda de Barbara, ella se preguntaba si él no estaría alejándose. Pero cuando se lo preguntaba, David se sentía acosado y molesto.

Como las preguntas directas acerca de su nivel de compromiso irritaban a su pareja, Barbara trató de evaluar la situación más disimuladamente. En cierta ocasión, por ejemplo, le preguntó a David si le gustaría que planeara sus vacaciones para la misma fecha que él. (La pregunta implícita era: "¿Quieres pasar esos días conmigo?".) David le contestó, con tono algo cortante, que planeara sus vacaciones "para cuando quisiera". (La respuesta implícita era: "No estoy seguro de mis sentimientos, no quiero comprometerme a pasar esos días contigo. Tal vez quiera, tal vez no, lo sabré cuando llegue el momento. Si decido no ir contigo, no quiero sentirme culpable por haberte decepcionado".)

Al comienzo confronté a Barbara con la sombría posibilidad de que David no iba a cambiar mucho, hiciera ella lo que hiciera, pero la joven se mostró resuelta. Veía tantos aspectos buenos en su relación con David que no quería renunciar a ella sin pelear. Así, se fijó dos objetivos principales: ayudar a David a tomar con más naturalidad su compromiso con ella, y promover más cariño e intimidad entre ambos.

Una de las primeras cosas que hizo fue revisar su negativa a reconocer que David tenía miedo a comprometerse en *cualquier* relación. Fue un proceso lento y difícil, pero finalmente Barbara aceptó el hecho de que las vacilaciones de su novio no reflejaban un rechazo hacia ella. Entonces estuvo en condiciones de considerar la manera de hacerle sentir que seguía siendo un hombre libre, con la posibilidad de cambiar de idea en cualquier momento.

Primero identificó en ella los comportamientos que alejaban a David: por ejemplo, mostrarse radiante ante el mínimo indicio de que estuviera dispuesto a comprometerse. Aprendió, por el contrario, a no alborotar cuando él se mostraba más solícito. Además, redobló sus esfuerzos por mantener sus intereses propios (aunque inicialmente le resultó muy difícil).

Barbara aprendió también a moderar su resentimiento con Brett, un amigo de David a quien ella consideraba un competidor porque David le dedicaba tiempo y atención. En la terapia llegó a darse cuenta de que ni la amistad de David con Brett ni cualquier otro interés ajeno amenazaban su relación con ella. Lo que sí la amenazaba era su inseguridad, que la impulsaba a *ver* en todo una amenaza, a quejarse por ello y a exigir constantemente una confirmación del compromiso afectivo de David.

Finalmente esta comprensión le permitió ir modificando su actitud con Brett. No sólo dejó de quejarse sino que sintió que dejaba de tenerle rencor. Aquella amistad tenía muchos aspectos positivos y encontró la manera de transmitírselo a David. En ese punto, hizo una observación que la dejó atónita: mientras más positiva era su actitud hacia la amistad de David, más se acercaba él a ella y más feliz parecía. A medida que David se mostraba más accesible y comprometido, Barbara, excelente cocinera, empezó a invitar a los dos hombres a cenar con ella en casa, de vez en cuando y sin darle demasiada importancia. En realidad, las refinadas comidas y su actitud positiva con Brett reforzaron un comportamiento más comprometido de David. Entonces descubrió que David era sensible a una actitud alegre y a un afecto delicado.

Con el tiempo, Barbara encontró que nuestro trabajo la estaba beneficiando de un modo que jamás habría imaginado. Descubrió que mientras más independencia lograba y más realizada se sentía por sus intereses propios, más fuerte se hacía. La imagen mental que tenía de sí misma se tornaba más clara y coherente. Además, se sentía más segura hacia lo que quería y lo que no quería, y también de lo que toleraba o no en David. Y, por último, sintió que era capaz de cuidar muy bien de ella misma si se rompía la relación con su novio. Pero no sucedió. Menos presionado, David se sintió cómodo en la intimidad y pasaban mucho tiempo juntos. Se comprometió con Barbara y después se casaron. Su tipo básico de personalidad no cambió;

siguió siendo bastante obsesivo, y Barbara no lo era tanto. Pero la vida juntos los enriqueció por separado.

Como reiteradamente he expresado, muchos obsesivos están dotados de maravillosas cualidades. Aunque son personas difíciles, tienen mucho que ofrecer. Prestar atención a las siete sugerencias aquí enumeradas ayudará a los amigos, compañeros y conocidos del obsesivo a establecer con él relaciones que, aunque no *perfectas*, sí pueden ser profundamente satisfactorias.

Epílogo

Un hábito es un hábito y no debe ser
arrojado por la ventana, sino persuadi-
do amablemente de que baje las escale-
ras, peldaño a peldaño.

MARK TWAIN

En resumen, el tipo de personalidad obsesiva es un sistema de muchas características normales, tendientes todas a un objetivo común: sentirse seguro y a salvo por medio de la prevención, la razón y el dominio. En dosis racionales y flexibles, los rasgos obsesivos no sólo favorecen la supervivencia sino también el éxito y la admiración.

La desventaja es que el obsesivo tiene siempre algo demasiado bueno. Y se verá en graves dificultades si sus cualidades obsesivas no están al servicio del objetivo sencillo de una vida sensata, resuelta y agradable sino, por el contrario, de una implacable necesidad de protegerse contra la vulnerabilidad inherente a todo ser humano. En este caso, las virtudes se convierten en debilidades, en rígidas y exageradas caricaturas que disminuyen las posibilidades de ser feliz.

Si una persona es fuertemente obsesiva y sufre, recuerde que el cambio, aunque difícil, es posible. El paso más importante puede darse ahora mismo: reconocer que la fuente de la infelicidad no es el jefe, el problema de la economía, los defectos de la pareja o la falsía de los demás, sino algo que hay adentro. Reconocer que los principales obstáculos para sentirse realizado en las relaciones, el trabajo o el ocio (si se tiene) son el perfeccionismo, la adicción al trabajo, la rigidez y otras características obsesivas desarrolladas.

Abra la mente a estas posibilidades y el cambio habrá

empezado. Hasta dónde llegará es cosa que le compete a uno mismo. El interés puede llevar lejos, y aun los cambios pequeños rinden enormes dividendos.

A lo largo de estos capítulos he ofrecido algunas sugerencias específicas para ayudar a avanzar hacia el cambio. Pero, por favor, entiéndase que este libro no es una sustitución de la terapia con un profesional competente. Si se piensa que no se está haciendo progreso alguno pese a un interés y un esfuerzo razonables, o que cualquier cambio provoca síntomas como ansiedad grave, insomnio, trastornos gastrointestinales o depresión, lo más probable es que se necesite guía y apoyo. Pero con ayuda profesional o sin ella, el medio más importante para progresar es, lisa y llanamente, el trabajo duro y sostenido.

Lecturas recomendadas

Damos a continuación una lista de obras interesantes relacionadas con algunos de los temas que hemos desarrollado en este libro.

Personalidad obsesiva

American Psychiatric Association: *Diagnostic and Statistical Manual of Mental Disorders*, 3ª ed. rev. (DSM-III-R), 354-56. Washington, APA, 1987.

Freud, Sigmund: "Character and Anal Erotism", en *The Standard Edition of the Complete Psychological Works of Sigmund Freud*, comp. por James Strachey, Vol. 9, 168-75. Londres, Hogarth Press, 1959.

Salzman, Leon: *Treatment of the Obsessive Personality*. Nueva York, Jason Aronson, 1980.

Shapiro, David: "Obsessive-Compulsive Style", en *Neurotic Styles*, 23-53. Nueva York, Basic Books, 1965.

Sullivan, Harry Stack: "Obsessionalism", en *The Collected Works of Harry Stack Sullivan*, comp. por Helen Swick Perry, Mary Ladd Gawel y Martha Gibbon, Vol. II, 229-83. Nueva York, Norton, 1956.

Trastorno obsesivo compulsivo (TOC)

American Psychiatric Association: *Diagnostic and Statistical Manual*, 245-47.

Freud, Sigmund: "The Rat Man", en *The Standard Edition* ob. cit., Vol. 10, 153-326.

Jenike, Michael A., Lee Baer y William E. Minichiello: *Obsessive Compulsive Disorders*. Littleton, Mass., PSG Publishing, 1986.

Rapoport, Judith L.: *The Boy Who Couldn't Stop Washing*. Nueva York, Dutton, 1989.

Perfeccionismo y adicción al trabajo, necesidad de aprobación

Burns, David: *Feeling Good*. Nueva York, Signet, 1980, 231-335. [Trad. cast.: *Sentirse bien*. Buenos Aires, Paidós, 1991.]

Indice analítico

También publicado por Paidós

EL COSTE DE LA EXCELENCIA
¿Del caos a la lógica o de la lógica al caos?
NICOLE AUBERT Y VINCENT DE GAULEJAC

La gestión es hoy en día uno de los síntomas más importantes de nuestra sociedad «posmoderna»: cada uno se administra el tiempo, la vida familiar y la cotidianeidad del mismo modo en que intenta administrar las motivaciones de sus colaboradores o la buena marcha de un servicio. Pues bien: administrar no basta. La búsqueda de la calidad total y el perfeccionismo, que impregnan cada día más el mundo de la empresa, no conoce fronteras. Se trata de triunfar en la vida, ser productivo en todo, vencer en una sociedad que sólo admite el éxito y no cesa de fabricar perdedores.

Sin embargo, y paralelamente, otro movimiento va tomando fuerza: es aquel que se preocupa de la dimensión «espiritual» de la empresa, intentando conferir a ésta un *status* de instrumento necesario para el desarrollo personal: se trata de la identidad, de ver el alma de la empresa, pues sólo en ella, a través de ella y gracias a ella puede el individuo realizarse y alcanzar su ideal.

Pero la excelencia tiene un coste: el estrés permanente, las inadaptaciones físicas y psíquicas, el «desgaste interno» de los que se consumen en la obsesión de la productividad, forman la cara oculta de esta carrera hacia el éxito... La empresa, en efecto, no sólo ofrece éxito, sino que a la vez genera malestar y angustia. De este modo se constituye el núcleo del presente libro, a través de numerosos testimonios reales y una profunda investigación del universo de la gestión, para desvelar el lado oscuro de nuestra —en apariencia— rutilante sociedad.

También publicado por Paidós

LA BÚSQUEDA DEL PLACER
LIONEL TIGER

Este libro es una inteligente, aguda y provocativa celebración de nuestra capacidad para experimentar placer y de nuestra necesidad de buscarlo. Para ello, el sociólogo y antropólogo Lionel Tiger se dedica en él a trazar el itinerario que va desde el universo de nuestros antepasados hasta nuestros días, planteando a la vez, y consecuentemente, una intrigante idea: la de que el placer no es un lujo, sino una necesidad para nuestra evolución. El sexo, la comida, los viajes, los animales, las plantas, el poder... son cosas de las que gozamos, sí, pero también alimentos espirituales que *necesitamos* desesperadamente, que son *buenos* para nosotros y para nuestras vidas. De acuerdo, pero, ¿por qué todo esto? ¿De dónde procede el placer? ¿Qué tipos de placer son los más beneficiosos? ¿Qué o quién controla el placer, y cómo podemos conseguir más? A través de una exploración de los orígenes evolutivos de nuestros placeres, Lionel Tiger mezcla la información, la especulación y la (voluptuosa) descripción para demostrarnos que nuestra conducta procede indudablemente del pasado: así como el dolor ha influido en el comportamiento humano enseñándonos dónde reside el peligro, del mismo modo nos dedicamos a buscar activamente todo aquello que pueda hacernos felices.
De esta manera, Tiger acaba demostrando que nuestra tendencia hacia la búsqueda de placer puede provocar diversos problemas sociales y económicos, pero también que esta misma necesidad es positiva, deseable e incluso imprescindible para la supervivencia. El resultado, en muchos aspectos, es una insustituible guía intelectual para comprender y mitigar los sinsabores de la existencia.

También publicado por Paidós

CRÍTICA DE LA EFICACIA
Ética, verdad y utopía de un mito contemporáneo
JACQUES LE MOUËL

Una de las características principales de los años 90 parece ser, hoy por hoy, el enfrentamiento que se está produciendo entre el triunfo del dinero y el ocaso de las ideologías. Después de varios años de crisis y conflictos, la gente funda, invierte, administra, opera..., la prensa especializada está en pleno auge, e incluso los adolescentes que antes soñaban con estudiar humanidades, están ahora ansiosos por inscribirse en los cursos de economía o empresa de cualquier universidad. Mientras tanto, asistimos impotentes al ascenso de los integrismos y los nacionalismos, así como al renacimiento del racismo y el antisemitismo.

Este «culto de la empresa», esta ausencia de pautas referenciales en nuestro entorno —ausencia de un proyecto político, económico y social—, ¿puede llegar a provocar que el destino de la sociedad caiga en manos de las empresas y de los empresarios? Si es así, si la empresa ha de ser el nuevo modelo que inspire las grandes decisiones del Estado y del conjunto de la sociedad civil, es hora entonces de analizar qué principios la gobiernan, cuáles son sus modos de funcionamiento, cómo se administra...

Partiendo de un hecho más o menos consumado —la actual condición de la cultura empresarial, una verdadera «sociedad de apariencias» con una gran discrepancia entre el discurso que emiten sus directivos y la realidad cotidiana vivida por sus obreros y empleados—, Jacques Le Mouël deja bien claro que esa identificación que se nos está imponiendo entre la moral de la eficacia y la eficacia de la moral, está intentando contaminar gradualmente al conjunto de la sociedad, vulgarizando conceptos como los de cultura, valores, ética, etc. Un proceso que está haciendo posible la aparición de una nueva ideología —una mezcla de utilitarismo y pragmatismo— sometida por el autor de este libro a un verdadero acoso en forma de ensayo a la vez riguroso y denodadamente personal.